新しい日本料理の魅力をつくる「四季の食材」の組み合わせ方

鶴林 美味旬菜
吉田靖彦・著

旭屋出版

四季の〝出会いもの〟が新しい料理の魅力をつくる

豊かな四季を感じることができる日本では、古来より海の幸や山の幸など新鮮な食材が豊富で、食材の持ち味を生かした料理が多く、材料や調理法に季節感を取り入れることも調理の一環として大切にしてきました。

季節感といえば、まず思いつくのは「旬」という言葉でしょうか。「旬」は食材が最もおいしくなる出盛りの時期のことをいいますが、日本料理では同じ時季に出回る「旬」の食材で、互いの持ち味を引き出し、さらに味や香りを高めるような取り合わせのことを「出会いもの」と呼びます。例えば、春なら「筍と若布」、寒い時期に脂ののった鯛と甘みを増したかぶを合わせた「鯛かぶら」というように、特に相性がよいとされる定番の組み合わせがあります。

また旬のもの同士だけでなく、旬の前後に「走り」や「名残り」といった考え方があるのは日本料理ならではないでしょうか。

秋なら、出始めの松茸と終いの鱧との取り合わせも定番で、「走り」と「名残り」の食材を組み合わせることで季節の風情や趣を楽

しみます。このように日本料理では「旬」の前に出る初物を先取りとして楽しむことを〝粋〟としたり、季節の終いには、食材の終わりを惜しむとともに、来年また出会えることを心待ちにする、というような食材に対する深い想いが感じられます。

本書では、定番とされる季節の〝出会いもの〟に加え、日本料理という枠を超え、様々な食材による新たな〝出会いもの〟を季節ごとに紹介しています。

近年、地産地消という言葉が注目されていますが、地元の食材を積極的に用いることで、個性を打ち出すことも可能です。今一度、身近な食材に注目してみてはいかがでしょうか。新たな発見があるかもしれません。

料理人は、食材を見極める眼力を養うことはもちろん、あらゆる観点から食材の持ち味を引き出し、最大限に生かすことが務めです。本書が、新しい〝出会いもの〟を発見するきっかけとなり、個性豊かな〝旬菜〟をつくり出す手がかりになれば光栄です。

鶴林　美味旬菜　吉田靖彦

新しい日本料理の魅力をつくる
「四季の食材」の組み合わせ方

目次

秋の料理 65

冬の料理 93

○本書をお読みになる前に

・本書で「だし」とある場合、基本的には昆布とカツオの削り節で引いた「一番だし」を指します。「一番だし」の引き方は、水5カップに昆布15gをつけて30分ほどおいてから火にかけ、95℃くらいの沸騰寸前で昆布を取り出します。再び沸いてきたらカツオ節を入れ、火を止めて1～2分おき、アクを丁寧に取り除いてから、ネルなど目の細かい布で漉します。昆布は利尻昆布、カツオ節は本枯節の削り節を使用しています。

・「吸地」は、吸物のだし程度に味を調えた、合わせだしのこと。本書では基本的に、だし5カップに対して薄口醤油・酒各小さじ1、塩小さじ½を目安にしています。

・「酢」は、基本的には米酢を使用しています。「酒」と「みりん」は、火にかけて用いる場合以外は基本的に煮立たせてアルコール分を煮きったものを使います。

・「水溶き葛粉」は水と葛粉を同割で溶いたもの。

・魚のおろし身については、「おろし身」とある場合、魚をおろしてから、中骨や腹骨を取り除いたものを指します。さらにおろし身の皮を引いたものを「上身(じょうみ)」としています。

・「立て塩」は、魚介や野菜の下ごしらえに用いる海水程度の塩水のことです。

・「塩みがき」は材料の下ごしらえとして、塩をまぶしてこすること。

・本書で登場する、各季節の旬の食材については、「四季を彩る食材」として各季節(春夏秋冬)ごとに紹介していますので、参考にしていただければと思います。

材料の分量表記について

・1カップは200㎖、1合は約180㎖、大さじ1は15㎖、小さじ1は5㎖です。

・「適量」「作りやすい分量」とある場合は、状況や好みに応じて、ほどよい量をお使いください。

spring

春の料理

小鉢・和え物

新筍と貝柱の木の芽和え

しんたけのこ と かいばしら の きのめあえ

3月頃に出回り始める〝走り〟の新筍とタイラ貝の貝柱の和え物です。ここでは拍子木に切った新筍とタイラ貝を小原木にきっちりと盛りつけ、モダンな印象に仕立てました。柔らかな新筍と歯ごたえのある平貝を組み合わせることで食感の違いも楽しめます。和え衣の木の芽味噌には天然色素である青寄せを加えて、より鮮やかに。仕上げにピンク色の花穂じそをあしらい盛り付けのアクセントにしています。

写真の新筍は福岡産を使用。特に新筍は柔らかく〝す〟が入っていないため食感もよく、多彩な料理に使うことができます。平貝も春に旬を迎える大型の二枚貝で貝柱を食用に。シコシコとした歯ごたえと濃厚な旨み、甘みが魅力。刺身や和え物に用いると美味。

筍（新筍）▶P36　タイラ貝▶P34　木の芽▶P36　※作り方▶P120

前菜・先附け

壱岐の伝助穴子と早春の地野菜サラダ

おき の でんすけあなご と そうしゅん の じやさいさらだ

脂ののった大ぶりの伝助アナゴを白焼きにして、グリーンアスパラガス、うど、紅芯大根など、色とりどりの春の野菜を取り合わせてサラダ感覚ですすめます。食材のまとめ役は、自家製のオニオンドレッシング。皮付きのままじっくりと焼いて甘味を引き出した玉ねぎと、フレッシュな新玉ねぎを合わせてバランスのよい味わいに。このドレッシングは魚だけでなく、肉類とも相性がよいので、作りおきすると重宝します。

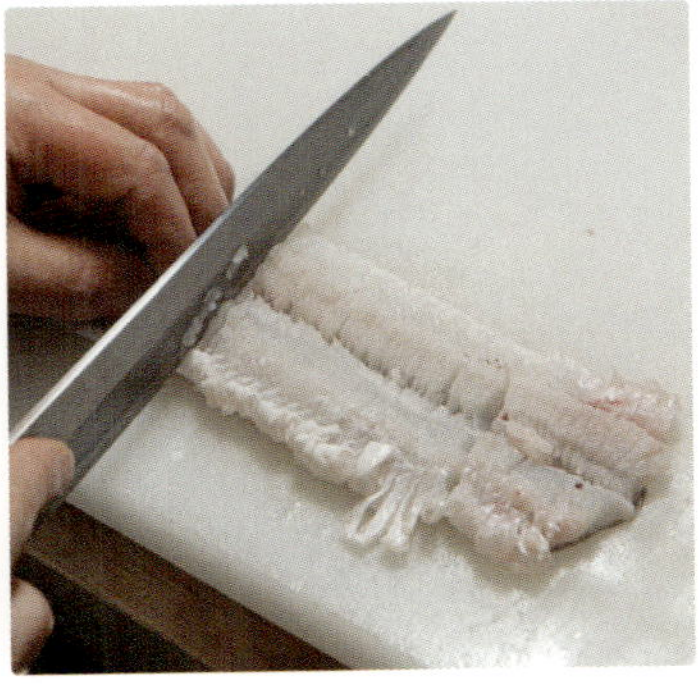

アナゴの中でも特に大きなものは「伝助穴子」と呼ばれ、珍重されます。肉厚で脂ののりも良く美味ですが、小骨が気になるので丁寧に骨切りをしてから白焼きにすることがポイント。

アナゴ（壱岐の伝助穴子）▶P34　玉ねぎ▶P36　※作り方▶P121

小鉢・和え物

和歌山御坊の新もずくと萩の赤貝の酢の物

わかやまごぼう の しんもずく と はぎ の あかがい の すのもの

磯の香りが魅力の赤貝と新もずくを八方酢で合わせたさっぱりとした味わいの酢の物です。もずくは3月から5月頃が旬とされていますが、3月末頃に獲れる新もずくは、繊細でありながらコリコリとた食感があり、その時期だけに味わえる格別なおいしさが魅力。また赤貝はきちんと下処理をしてから用いて素材のおいしさを引き出します。八方酢に生姜を少し加えると、磯の香りが和らぎ一層風味がよくなります。

新もずくは、サッと湯通をしして色出しをしてから使うと、食感も色もよくなります。赤貝は、貝類特有の甘み、食感、磯の香りが身上ですが、事前にきっちりと塩もみをして、臭みやぬめりを取り除いておくことが大切。ここでは食べやすいよう細切りにして使用。

もずく（新もずく）▶P35　赤貝（萩の赤貝）▶P34　※作り方▶P122

小鉢・和え物

富山湾蛍烏賊と三田の山菜サラダ 柚子胡椒味噌

とやまわん ほたるいか と さんだ の さんさいさらだ ゆずこしょうみそ

ホタルイカ漁で有名な富山産ホタルイカの旬は3月〜5月頃で、身が大きくふっくらとしているのが特徴。ホタルイカといえば、わけぎと酢味噌で和えた〝ぬた〟が有名ですが、ここではわけぎの代わりに、山うど、こごみ、たらの芽など、春らしい山菜や旬の筍を取り合わせて彩りのよいサラダ風に。さらに和え衣にはピリリと柚子胡椒を効かせた柚子胡椒味噌で和えて、山菜類のほろ苦さを引き立てます。

ホタルイカは目や軟骨を取り、和える前に土佐酢でサッと酢洗いをしておくと、口当たりがよくなり、臭みもとれて味もなじみやすくなります。ピリリとした風味が魅力の柚子胡椒味噌は、ホタルイカの他に白身魚や川魚、タコ、イカなどとも好相性。

ホタルイカ（富山湾蛍烏賊）▶P35　山うど▶P36　こごみ▶P36　たらの芽▶P36　※作り方▶P123

椀物・汁物

桑名産蛤《くわなさんはまぐり》と生海苔真丈《なまのりしんじょう》の椀物《わんもの》

希少な国産ハマグリのおいしさを存分に味わうことができる椀物です。ハマグリから出る濃厚なスープは、汁はもちろん、椀種の真丈にも活用しています。汁には生海苔を加えて磯の風味が香る趣向に。最後に葛を薄く固めた〝葛水仙〟をのせ、贅沢で上品な椀物に仕立てました。

ハマグリ（桑名産蛤）▶P35　生海苔▶P35　※作り方▶P124

椀物・汁物

浅利と花山葵の椀物

あさり と はなわさび の わんもの

爽快な辛味の花わさびと旨味のあるアサリの組み合わせが絶妙な春の汁物。春先のごく短期間だけ出回る花わさびはわさびの花が咲く前のつぼみと茎を収穫したもの。独特の辛味やシャキシャキした歯ざわりを生かします。花わさびの辛味を上手に引き出して留めることがポイント。

アサリ▶P34　花わさび▶P36　※作り方▶P125

煮物・蒸し物

加太の黒目張と山城筍の煮付け

かた の くろめばる と やましろたけのこ の につけ

関西では、春先に出回る筍とメバルは〝出会いもん〟とされ、煮付けの定番ともいえる組み合わせ。和歌山と淡路島を結ぶ紀淡海峡の速い潮に揉まれて育った加太の黒メバルは、身質が引き締まって脂ののりもよく、煮付けにすると淡泊ながら、しっとりとした食感に。柔らかな京都の山城産筍と一緒に、やや甘めの煮汁で炊きます。旬の筍とメバルのおいしさを堪能できる煮付けは食べ飽きないおいしさです。

煮汁は砂糖を加えてやや甘めにするのが関西風。黒メバルをはじめ、キンメダイやノドグロ、キンキなど脂ののった魚にもよく合います。煮汁が煮立ってきたら筍を入れて、一緒に炊き合わせます。

メバル（加太の黒目張）▶P35　筍（山城筍）▶P36　※作り方▶P126

焼き物

仮屋の油目山椒焼きと三原の焼き玉葱

かりや の あぶらめ さんしょうやき と みはら の やきたまねぎ

関西や北海道の一部ではアイナメのことを白身魚にしては意外に脂っぽいという意味から〝油目(あぶらめ)〟と呼びます。アイナメは焼くと甘味、旨味が一層増しておいしくなります。さらに甘辛いつけだれで香ばしく焼いてから木の芽をふり、爽やかな風味に。添えている焼き玉ねぎは淡路島産のもので、柔らかく甘味が強いのが特徴。岩塩を添えると甘味が引き立ち、酒肴としても喜ばれます。

アイナメは、身が縮まる性質があるので、新鮮なものは骨が抜きにくく、ハモのように骨切りを丁寧に行います。また丸ごとオーブンでしっかりと焼いた玉ねぎは驚くほど甘味が増します。

アイナメ(仮屋の油目)▶P34　玉ねぎ(淡路島三原産)▶P36　※作り方▶P126

焼き物

但馬牛ロースと山城筍のステーキ フォアグラ木の芽味噌がけ

たじまぎゅうろーす と やましろたけのこ の すてーき ふぉあぐら きのめみそがけ

高級和牛の銘柄のひとつとして知られる「但馬牛」と筍のステーキ、高級珍味であるフォアグラを一皿に盛り付けた贅沢な味わいの一品。但馬牛のロース肉はキメが細かく肉質は柔らか、赤身とのバランスもよく、濃厚な味わいが特徴です。ソースには香ばしく焼いたフォアグラを惜しげもなくペースト状にして爽やかな木の芽味噌と合わせました。筍はあえて根元部分を輪切りにし、食べごたえのあるステーキ風に。

但馬牛はほどよく引き締まった身に脂身と赤身の肉がバランスよく入った霜降りのおいしさが挙げられます。特にロース部分は、スジはありますが、霜降りのバランスもよく、コクと濃厚な味が特徴です。

牛肉（但馬牛）▶P35　筍（山城筍）▶P36　フォアグラ▶P35　木の芽▶P36　※作り方▶P127

揚げ物

山うどと新ごぼうのかき揚げ

やまうど と しんごぼう の かきあげ

うどやふきのとう、新ごぼうなど、春の山菜や根菜特有の清々しいほろ苦さは、油とも相性がよく、揚げ物にすると、苦味やえぐみをほどよく生かすことができます。新物のうどやごぼうは、下ごしらえの際にあえて水にさらさず、苦味やアクを生かして用いることがポイントです。

山うど ▶P36　ごぼう（新ごぼう）▶P36　※作り方 ▶P128

揚げ物

宍道湖の白魚とたらの芽餅米揚げ山椒塩

しんじこの しらうお と たらのめ もちごめあげ さんしょうじお

白魚（シラウオ）は、俳句の春の季語としても知られ、春の到来を告げる食材のひとつです。島根県の宍道湖で獲れるシラウオは特に有名です。吸物や寿司、揚げ物、卵とじなどにすると美味。ここでは香ばしいぶぶあられの衣をつけ、たらの芽と共に揚げて山椒塩を添えます。

シラウオ（宍道湖の白魚）▶P34　たらの芽▶P36　※作り方▶P123

小鍋・鍋物

明石鯛と鳴門若布のしゃぶしゃぶ

あかしだい と なるとわかめ の しゃぶしゃぶ

潮の流れが激しい明石海峡でもまれて身が引き締まり、豊富な餌を食べて育った「明石鯛」。魚の王様と称される鯛の中でも、そのおいしさは別格。同じく瀬戸内の鳴門でとれる鳴門ワカメはシコシコとした歯ごたえと風味がよいのが特徴です。いずれも旨味たっぷりの鍋だしで〝しゃぶしゃぶ〟にすると、素材のおいしさを堪能することできます。

タイのアラを煮出した旨味が濃厚な鍋だしに、そぎ切りにしたタイとワカメをくぐらせていただきます。タイは食感がよくなり甘味が増し、ワカメは鮮やかな緑色でシコシコとした歯ごたえ、磯の香りが楽しめます。

タイ（明石鯛）▶P34　ワカメ（鳴門若布）▶P35　※作り方▶P129

小鍋・鍋物

新ごぼうと但馬牛ロース鍋

しんごぼう と たじまぎゅうろーす なべ

鍋の具に、但馬牛の霜降りロース肉と、ささがきにした新ごぼうだけ、とシンプルな取り合わせで供します。これを割り下風の甘辛い鍋地に手早く通し、とろけるような牛肉、シャキシャキとした新ごぼうの食感を楽しみます。鍋地にサッと通してそのままいただくもよし、引き上げて熱々のところを卵と山芋のとろろにつけていただくのもおすすめ。爽快な香りの木の芽や粉山椒を添えると、一層箸がすすみます。

但馬牛のロース肉、新物のごぼうなど、上質な素材は熱を通し過ぎると、せっかくの味わいが台無しに。サッと火を通す程度にとどめるのが、おいしくいただくコツです。

ごぼう（新ごぼう）▶P36　牛肉（但馬牛）▶P35　※作り方▶P131

ご飯物

淡路島岩屋の釜上げしらす 生海苔だし茶漬け

あわじしまいわや の かまあげしらす なまのりだしちゃづけ

シラスはイワシ類の稚魚のこと。 淡路島の岩屋漁港は関西では知られた、シラスの産地で、漁港で水揚げされたしらすは素早く茹でて「釜揚げしらす」に。ふっくらと炊き上がった新鮮なシラスをたっぷり使い、だし茶漬けにしました。だしには生海苔を加えて磯の香り豊かに仕上げます。生のシラスは足が速いので、釜上げにしてから冷凍されることが多いのですが、旬の時期の「釜上げしらす」は格別の味わいです。

春は生海苔など、海藻類のおいしい季節。この時期ならではのフレッシュな生海苔を細かく叩き、熱々のだしに加えてお茶漬けに。わさびは、おろしたてのものを添えると、香りがよくグンとおいしくなります。

生海苔 ▶ P35　シラス ▶ P34　※作り方 ▶ P131

ご飯物

明石鯛と山菜の桜寿司

あかしだい と さんさい の さくらずし

桜の香りを纏った明石ダイと早春の山菜を使った、いかにも春らしい風情のすしです。すし飯は、かんぴょうや椎茸の甘煮など、具材を小さく刻んで混ぜ込んだ関西風の〝ばらずし〟スタイル。タイはそぎ切りにしてから昆布〆にする要領で、昆布の代わりに塩漬けの桜葉で挟んでしばらくおき、桜の香りを移します。これを山菜と一緒にすし飯の上に盛り、最後にピンク色の桜花の塩漬けを添えると可愛らしい印象に。

バットに桜葉を敷いてタイのそぎ身を並べ置き、薄塩をふって桜葉をのせ、重石をしてしばらくおき、桜の香りをタイに移します。仕上げに甘酢にくぐらせてから盛ると、すし飯とのなじみがよくなります。

タイ（明石鯛）▶P34　こごみ▶P36　山うど▶P36　わらび▶P36　桜の葉・桜の花の塩漬け▶P36　※作り方▶P132

四季を彩る食材 春

魚貝類

●アイナメ(アブラメ)

「鮎魚女」「鮎並」など、複数の字があてられる。また大阪や徳島、香川では「油目(アブラメ)」、北海道では「油子(アブラコ)」など、地方によって呼び名が変わる。旬は春から夏にかけて。脂ののった白身で、刺身、塩焼き、煮付けなど、幅広い料理に向く。

＊仮屋の油目／淡路島・北東部に位置する仮屋漁港で揚がったアブラメ(アイナメ)。

▼仮屋の油目山椒焼きと三原の焼き玉葱(P20)

●赤貝

歯ごたえと甘み、磯の香りが身上。冬から初春の寒い時期が一番美味。赤貝が赤いのは、人間同様、ヘモグロビンを含む血液を持っているため。

＊萩の赤貝／山口県萩産。身が大きく甘味がある。

▼和歌山御坊の新もずくと萩の赤貝の酢の物(P12)

●アサリ

アサリの旬は2～4月頃、産卵を控える春は、身が肥えて旨味も増すとされている。産卵条件は海水温度が20℃前後とされ、9～10月頃にも旬を迎える産地もある。

▼浅利と花山葵の椀物(P17)

●アナゴ

ウナギに似た細長い海水魚。食用や観賞用で利用される種類を多く含む。マアナゴ、クロアナゴ、チンアナゴなど多くの種類があるが、一般的に「アナゴ」といえば「マアナゴ」を指す。

＊壱岐の伝助穴子／一般的には体長55㎝以上の大きなアナゴを〝伝助〟という。長崎県壱岐島や対馬付近で獲れる穴子は特に脂がのり美味とされる。

▼壱岐の伝助穴子と早春の地野菜サラダ(P10)

●シラウオ

河口付近や汽水域に生息する小型の細長い魚。新鮮なほど透明感がある。吸物・寿司・揚げ物など幅広く調理することが可能。

＊宍道湖の白魚／島根県・宍道湖はシラウオの主産地のひとつ。11月に漁が解禁され、最盛期は3月頃。

▼宍道湖の白魚とたらの芽餅米揚げ 山椒塩(P25)

●シラス

イワシ類の稚魚をさっと茹でたものが釜上げシラス。さらに天日干したものは一般的に「チリメン」と呼ぶ。

＊淡路島岩屋産の釜上げしらす／淡路島の岩屋漁港で春にあがった生シラスを釜上げにしたもの。ふっくらとして甘味がある。

▼淡路島岩屋の釜上げしらす生海苔だし茶漬け(P30)

●タイ

タイと名のつく魚は多いが、一般的に「タイ」というときはタイ科の「マダイ」のことを指す。古来より「めでたい」縁起のいい魚として、祝事には欠かせない。特に産卵期に桜色に色づくタイを〝桜鯛〟と呼び、春を代表する魚として用いる。

＊明石鯛／「日本一の鯛」ともいわれる。漁場である兵庫県明石海峡は潮の流れが激しく、身が引き締まっているからだという。甘味、旨味がしっかりしているのが特徴。

▼明石鯛と鳴門若布のしゃぶしゃぶ(P26)／明石鯛と山菜の桜寿司(P32)

●タイラ貝

タイラギともいう。大型の二枚貝で貝柱を食用にする。刺身や寿司ダネも人気だが、表面をサッと炙ったり、酒炒りするなどすると旨みと甘みが増す。

＊知多半島の平貝／知多半島は愛知県の三河湾を抱くように突き出た半島。その内海は静かで古来より貝類の産地として知られる。

▼新筍と貝柱の木の芽和え(P8)

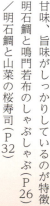

●生海苔

海苔といえば、乾燥の焼海苔は年中出回るが、生海苔の旬は、冬から春先にかけて。特に2～3月頃の生海苔は歯ごたえがあり美味。

▼桑名産蛤と生海苔真丈の椀物(P16)
淡路島岩屋の釜上げしらす生海苔だし茶漬け(P30)

●ハマグリ

国内で流通するうち約9割は輸入品とされ、国産のハマグリは身が大ぶりで肉厚、プリプリとした食感が特徴。数が少なく貴重。

＊桑名産蛤／三重県桑名あたりは遠浅で昔から良質の貝類の産地。味の良さで知られる。

▼桑名産蛤と生海苔真丈の椀物(P16)

●ホタルイカ

春の風物詩として知られる。身は柔らかく、ワタに独特の苦みがあり美味。最近では刺身も人気だが、寄生虫がいる可能性があるため、生食の場合は一定期間冷凍することが必要。

＊富山湾蛍烏賊／定置網で漁獲されるため、傷も少なく、漁場から漁港まで近いため鮮度が抜群によいのが特徴。

▼富山湾蛍烏賊と三田の山菜サラダ柚子胡椒味噌(P14)

●メバル

大きな目を持つことから〝目張〟と書かれることもある。メバルは赤・白・黒メバルに大別される。一年を通して獲れるが、とりわけ美味しいのは春から夏にかけて。刺身、煮つけ、塩焼き、から揚げ、味噌汁等、幅広い料理に向く。

＊加太の黒目張／和歌山県北部の加太付近で獲れた黒メバル。水揚げされた魚は水槽内で生かしたまま活魚状態で出荷されるため新鮮で上質。

▼加太の黒目張と山城筍の煮付け(P18)

●もずく(新もずく)

暖かく浅い海に分布する藻類の一種。そうめんのような細長い形状と強い粘りが特徴的。塩蔵品や冷凍品は年中手に入るが、旬は3月から5月頃。

＊和歌山御坊の新もずく／3月中旬から4月上旬にかけてとれる和歌山・御坊産の「新もずく」は、香りが強く、とてもおいしい。

▼和歌山御坊の新もずくと萩の赤貝の酢の物(P12)

●ワカメ

〝海の野菜〟とも呼ばれ、2～3月頃に採れる「新ワカメ」は柔らかで美味。産地ごとに食感や味わいが異なるので、好みや用途により使い分けるとよい。

＊鳴門若布／鳴門の渦潮を生み出す激しい激流で育ったワカメはシコシコとした歯ごたえと風味がよいのが特徴。また湯通しすると明るい緑色になる。

▼明石鯛と鳴門若布のしゃぶしゃぶ(P26)

■肉類

●牛肉

牛肉の中でも「和牛」は味の良さで知られる。特に「和牛」は、肉専用種として指定された4つの品種(黒毛和種、褐毛和種、日本短角種、無角和種)、またはこの4つの種間内での交雑牛のみを指す。

＊但馬牛／「但馬牛」と定義されているのは「兵庫県産の黒毛和種」の肉のこと。元々兵庫県内で生産され続けてきた伝統的な肉牛で、その品質の良さから人気が高く、国産黒毛和牛の多くが但馬牛をルーツとしているといわれる。

▼但馬牛ロースと山城筍のステーキ　フォアグラ木の芽味噌がけ(P22)／新ごぼうと但馬牛ロース鍋(P28)

●フォアグラ

フランス語で「肥えた肝臓」の意味。ガチョウや鴨を強制飼育し、肥大させた肝臓のこと。世界三大珍味としても知られる高級食材。近年は洋風の料理だけでなく、日本料理にもご馳走料理の食材として用いられるように。表面をカリッと焼くと、中はとろりとなめらかな舌触りが楽しめる。濃厚な味わいを生かし、日本料理では淡泊な食材を組み合わせ、互いの持ち味を生かすとよい。

▼但馬牛ロースと山城筍のステーキ　フォアグラ木の芽味噌がけ(P22)

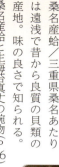

■野菜類

●木の芽

山椒の若芽。独特の香りとほろ苦さを春の香りと彩りに、料理のあしらいとして多用される。

▼新筍と貝柱の木の芽和え（P８）／但馬牛ロースと山城筍のステーキ　フォアグラ木の芽味噌がけ（P22）

●こごみ

学名は「クサソテツ」。芽の先がくるりと巻いている姿が特徴。山菜の中でもアクが少なく食べやすい。

▼富山湾蛍烏賊と三田の山菜サラダ　柚子胡椒味噌（P14）／明石鯛と山菜の桜寿司　（P32）

●ごぼう（新ごぼう）

一般的なごぼうは秋から冬にかけて旬だが、4～6月頃に出回る新ごぼうは、柔らかで上品な香りが味わえる。

▼うどと新ごぼうのかき揚げ（P24）／新ごぼうと但馬牛ロース鍋（P28）

●桜の葉・桜の花の塩漬け

桜葉の塩漬けは、桜の葉を塩漬けにしたもので、独特の香りが魅力。桜の花の塩漬けは、八重桜の花を塩漬けにしたもの。祝いの席では「桜湯」にして飲まれることも多い。

▼明石鯛と山菜の桜寿司（P32）

●筍（新筍）

春の味覚を代表する食材。現在主に流通しているのは孟宗竹（モウソウチク）。旬は3～5月。採れたてが一番美味、特に成長の早い筍は、出始めの新筍が喜ばれる。

＊山城筍／京都・山城産の筍は「白子筍」といわれ、身は柔らか、皮は黄金色、えぐみやアクが少ない。その場で刺身にして食べられる。

▼新筍と貝柱の木の芽和え（P８）／加太の黒目張と山城筍の煮付け（P18）／但馬牛ロースと山城筍のステーキ　フォアグラ木の芽味噌がけ（P22）

●玉ねぎ

一年中出回るが、春に旬を迎える「新玉ねぎ」はみずみずしく、独特の甘みがあり、生食にも向く。特有の辛味はゆっくり加熱することで甘味に変化する。

＊淡路島三原産玉葱／淡路島西部にある三原平野で栽培される玉ねぎ。淡路島は年間を通じて気候が温暖なこと、古代には海であった土地が隆起してできた土地で、水はけがよく、ミネラルが豊富な土壌であることから、甘みの詰まった玉ねぎが収穫できる。

▼壱岐の伝助穴子と早春の地野菜サラダ（P10）／仮屋の油目山椒焼きと三原の焼き玉葱（P20）

●たらの芽

ウコギ科のタラノキの新芽部分を山菜として食べる。天然ものの旬は春から初夏にかけて。また各地でハウス水耕栽培も行われている。

▼富山湾蛍烏賊と三田の山菜サラダ　柚子胡椒味噌（P14）／宍道湖の白魚とたらの芽餅米揚げ　山椒塩（P25）

●花わさび

春先にわさびの花のつぼみと花茎を収穫したもの。わさび特有の鼻に突き抜ける爽快な辛みと、独特の苦味やシャキシャキとした歯ごたえが特徴。

▼桑名産蛤と生海苔真丈の椀物（P16）

●山うど

ウコギ科タラノキ属の多年草。春に土から顔を出した新芽・若芽部分や茎を食用にする。ほろ苦さと独特の香りを持つ。

▼富山湾蛍烏賊と三田の山菜サラダ　柚子胡椒味噌（P14）／山うどと新ごぼうのかき揚げ（P24）／明石鯛と山菜の桜寿司（P32）

●わらび

シダの仲間の一種で、若芽を山菜として食べる。全国各地で自生する比較的身近な山菜のひとつ。アクがとても強いので、下処理をして十分にアクを抜いてから調理することが大切。

▼明石鯛と山菜の桜寿司（P32）

summer

夏の料理

前菜・先附け

由良の雲丹と徳島鮑のすだちジュレかけ

ゆらのうに と とくしまあわび の すだちじゅれがけ

ウニといえば北海道がよく知られますが、淡路島の由良近辺で獲れる赤ウニは、濃厚な甘みと、とろけるような食感が味わえることから、知る人ぞ知る逸品として関西の料亭などでも人気があります。さらに夏に旬を迎える〝貝類の王様〟徳島産の黒アワビを取り合わせた贅沢な夏の前菜です。仕上げに清々しくすっきりした酸味を放つすだちのジュレをかけ、磯の香りを引き立てます。

徳島県南部にはアワビが育つ良質の磯が多く、大きく美味な黒アワビの産地として知られています。黒アワビの身は肉厚で締まりがよく、波切りにしてからウニやすだちジュレをのせると、からみもよく一体感が出ます。ジュレは裏ごしをして口当たりをよくしておきます。

ウニ（由良の雲丹）▶P62　アワビ（徳島の黒鮑）▶P62　すだち▶P64　※作り方▶P133

小鉢・和え物

舞鶴の鳥貝と白ずいきの酢の物《まいづるのとりがい と しろずいき の すのもの》

初夏に旬を迎えるトリ貝、とりわけ京都府の日本海側・舞鶴産のものは大ぶりでおいしいことで有名です。トリ貝はサッとあぶると香ばしさと甘みが凝縮。シャキシャキとした食感の白ずいきと組み合わせ、磯辺酢ジュレ、オクラとろろを添えて、磯の香りと食感を楽しみます。

トリ貝（舞鶴の鳥貝）▶P63　ずいき（白ずいき）▶P64　※作り方▶P134

前菜・先付け

由良の雲丹とうすい豆のゼリー包み《ゆらのうに と うすいまめ の ぜりーづつみ》

旬を迎えた艶やかなウニと爽やかな緑色のうすい豆ペーストをキラキラと輝くゼリーシートで包んだ、宝石のような一品。「うすい豆」は主に関西地方での呼び名で、正式名は「うすいえんどう」。グリーンピースとは別種で皮が薄く、甘みと香りが深いのが特徴です。

ウニ（由良の雲丹）▶P62　うすい豆▶P63　※作り方▶P135

前菜・先附け

三田の新蓴菜と車海老の八方酢ジュレ和え

さんだの しんじゅんさい と くるまえび の はっぽうすじゅれあえ

透明なジュレ状のぬめりに覆われたじゅんさいは、つるりとした食感と喉ごしが身上です。旬は4～9月頃ですが、とりわけ出始めの新じゅんさいは、食感や喉ごしも格別。新じゅんさいを鮮やかな車エビ、きゅうりと一緒に八方酢ジュレで合わせました。温度玉子の卵黄を落とすと、まろやかな味わいになります。食欲が落ちがちな暑い時期にも、すっきりとした味わいで、口直しにも好適です。

じゅんさいの旬は4～9月頃、出始めの4～6月頃にとれる新ものは「1番芽」と呼ばれ、ゼリー状の部分が多く、品質がもっとも高いとされています。車エビは近年、養殖が盛んになり年中出回るようになりましたが、天然ものの車エビの旬は6～9月頃の盛夏。

じゅんさい（三田の新蓴菜）▶P63　車エビ▶P62　※作り方▶P136

小鉢・和え物

鱧南蛮漬けと甘酢漬け フルーツトマトの酢の物

かもなんばんづけ と あまずづけ ふるーつとまと の すのもの

ハモを焼きねぎと一緒に甘酢で漬けて南蛮漬けにしました。フルーツトマトは甘酢で下味をつけてから添え、彩りと味わいにアクセントを与えます。仕上げに粗びき黒胡椒をふると、全体の味わいがキリリとしまります。

ハモ ▶P63　トマト（フルーツトマト）▶P64　※作り方 ▶P136

揚げ物

あこうと賀茂茄子の揚げだし

あこう と かもなす の あげだし

アコウ（キジハタ）は夏が旬の高級魚で、身は上品で甘みと旨味があり、ゼラチン質の皮も美味。葛粉をまぶして皮付きのまま揚げ、同じく揚げた賀茂茄子と一緒に旨だしに漬けます。茄子は皮を薄くむいて揚げるときれいな色が出ます。

アコウ（キジハタ）▶P62　茄子（賀茂茄子）▶P64　※作り方▶P137

椀物・汁物

とうもろこしと枝豆豆腐の冷製椀

とうもろこし と えだまめどうふ の れいせいわん

旬の甘みがたっぷり詰まったとうもろこしを茹でてつぶし、だしで割って〝すり流し〟に。とうもろこしのおいしさを丸ごと味わいます。とうもろこしの実は芯と一緒に煮て、芯から出る甘くて風味のあるだしを生かすのがポイント。枝豆豆腐は胡麻豆腐の枝豆版ともいえるもので、枝豆の味と風味を葛で練って封じ込めたこだわりの豆腐。夏野菜のおいしさがギュッと詰まった一品をガラスの器で涼やかに供します。

とうもろこしは芯も一緒に茹で、芯から出る香り高く甘みのあるだしで実の味わいを深めます。さらに芯の周りに残ったほんの少しの実もだしとして使いきることができ一石二鳥。枝豆豆腐は胡麻豆腐の枝豆版で、枝豆のペーストを昆布だしと吉野葛で寄せています。

とうもろこし ▶P64　枝豆 ▶P63　※作り方 ▶P138

椀物・汁物

沼島の鯵と香味野菜の冷汁風

ぬしま の あじ と こうみやさい の ひやじるふう

淡路島の南にある離島、沼島周辺で獲れるアジは、小ぶりながら品のよい甘味と脂ののりが特徴です。尾ビレや体の一部が金色に輝いてみえることから「キアジ」とも称されます。そんなアジと香味野菜を使った贅沢な夏の汁物です。アジは焼いてから身をほぐし、焼き味噌とともにすり鉢であたります、アジの旨味が溶け込んだ汁は滋味深く、見た目は地味ながら、贅沢な味わいです。

脂ののったアジは薄塩をあててから天火で焼いて、丁寧にほぐします。香ばしく焼いた合わせ味噌とアジのほぐし身を、すり鉢で合わせてよくあたり、だしでのばします。こうすることで、アジの旨味が味噌やだしの旨味と一体となり、味わいに一層深みが出ます。

アジ（沼島の鯵）▶P62　青じそ▶P63　みょうが▶P64　きゅうり▶P63　トマト（フルーツトマト）▶P64　※作り方▶P139

焼き物

鰻と坊ちゃんかぼちゃの焼き物

うなぎ と ぼっちゃんかぼちゃ の やきもの

シンプルに白焼きにしたウナギには一杯醤油をサッと塗って香ばしい香りをつけます。あしらいには手の平サイズの小さなかぼちゃ〝坊ちゃんかぼちゃ〟の焼き物を添えます。坊ちゃんかぼちゃは、小ぶりながら濃厚な甘みとホクホクの食感が楽しめるとあり、人気上昇中の食材。こちらも仕上げに一杯醤油を塗って甘味を引き立てます。夏らしく、さっぱりとした加減酢ですすめます。

ウナギは食通の間でもおいしいと評判の琵琶湖産ウナギを使用。肉厚で脂がのりがよいながらもしつこさはなく、皮も柔らか。坊ちゃんかぼちゃは北海道産のもので、手の平に収まる小ぶりなかぼちゃ。ホクホクとした甘みが特徴。

ウナギ ▶ P62　かぼちゃ（坊ちゃんかぼちゃ）▶ P63　※作り方 ▶ P139

煮物

冬瓜と白焼き鱧の梅香煮

とうがん と しらやきうなぎ の ばいこうに

〝冬瓜〟というと、冬の野菜のようですが、実は夏が旬。特に関西の夏には欠かせないハモと合わせて、梅干し入りのだしでさっぱりと煮含めます。冬瓜自体にはクセもなく、どんな味にも合わせることができる懐の深い野菜。また水分やカリウムなどのミネラルも多く含み、身体を冷やして熱を冷ます効果があるとされ、暑い夏にぴったりの食材です。

冬瓜は加熱すると果肉が透き通り、とろりとした優しい食感に。冬瓜自体は淡泊なので、動物性のコクととても相性がよい野菜です。白焼きにしたハモとも相性がよく、さらに梅干しを加えて一緒に炊くと、さっぱりとしながらもコクのある味わいに仕上がります。

冬瓜 ▶ P64　ハモ ▶ P63　梅干し ▶ P63　※作り方 ▶ P140

賀茂茄子と蒸し穴子の冷やし田楽

かもなす と むしあなご の ひやしでんがく

夏を代表する野菜の茄子。なかでも京都の上賀茂地区で栽培される賀茂茄子は、丸くてコロンとした形、つやのある黒紫色で肉質が緻密で柔らかいのが特徴。加熱しても形がくずれにくいので田楽にも好んで使われます。とろけるような食感の賀茂茄子に、柔らかく蒸し煮にしたアナゴは絶妙の組み合わせ。賀茂茄子をキリリと冷やしたところに、熱々に蒸し上げたアナゴをのせて供します。

賀茂茄子はまず皮をできるだけ薄くむくのがコツ。これを素揚げにすることできれいな緑色に。さらに熱湯で油抜きをし、吸地でサッと炊いて味を含め、冷やしておきます。アナゴは箸がスッと入るくらいまで柔らかく蒸して、煮含めた茄子の上にのせます。

茄子（賀茂茄子）▶P64　アナゴ▶P62　※作り方▶P141

揚げ物

鮎煎餅　緑酢を添えて

あゆせんべい　みどりす を そえて

アユは体表から発する独特の香りから〝香魚〟〝きゅうり魚〟などとも称されます。そんなアユをスライスして煎餅のように香ばしくカリカリに揚げ、爽やかな色と香りのきゅうりのすりおろしに土佐酢を合わせた緑酢を添えます。アユの香りと青くさいきゅうりの香りがマッチして絶妙な組み合わせに。思わずクセになるおいしさです。前菜や揚げ物として、また酒の肴にもうってつけの一品です。

アユは２～３時間風干しにして余分な水分を飛ばしてから低温でじっくりと揚げることで、骨までカリカリになります。緑酢は時間が経つと色が悪くなるので供する直前に合わせます。

アユ ▶ P62　　きゅうり ▶ P63　　※作り方 ▶ P141

小鍋・鍋物

鱧鍋　玉葱仕立て

はもなべ たまねぎ じたて

ハモは「梅雨の雨水を吸っておいしくなる」と言われ、この時期のハモは、皮は薄く、脂がのって骨が柔らかくなります。白身で淡白ながら旨味もあり、特に関西の夏の風物詩としても欠かせない高級魚です。そんなハモのおいしさを存分に堪能できるよう、ハモの骨やアラと甘みのある玉ねぎからとった鍋だしにサッとくぐらせ、素材のおいしさを楽しんでいただきます。骨切りをしたハモは爽やかな印象の青竹に盛り、目にも涼やかな演出で供します。

ハモは小骨があるので丁寧に骨切りをしてから食べやすく切り身にし、ハモの中骨やアラの旨味、玉ねぎの甘味がたっぷり溶け込んだだしでサッと煮ていただきます。

ハモ ▶ P63　　玉ねぎ ▶ P64　　※作り方 ▶ P142

ご飯物

あこうのとろとろご飯

あこう の とろとろごはん

関西では「アコウ」と呼ばれることが多いですが、標準和名はキジハタ。ハタの仲間で色は鮮やか、関西では夏の高級魚としても知られます。身は弾力のある白身で、噛むほどに旨味が広がります。そんなアコウの刺身をコクのある胡麻醤油に漬け、粘りの強いつくね芋のとろろと共に炊き立てのご飯にのせた贅沢なご飯物。粘りのあるつくね芋がからみ、喉ごしよくいただけます。

アコウはマハタの仲間で、関西ではアコウやアコなどの呼び名の方が一般的。関東でいうアコウダイ（メヌケ）とは別の魚。冬の高級魚として知られるクエやフグに対して、夏の高級魚として珍重されます。胡麻醤油の胡麻は油が出るくらいしっかりするのがコツです。

アコウ（キジハタ）▶P62　つくね芋▶P64　※作り方▶P143

四季を彩る食材

夏

■魚貝類

●アコウ（キジハタ）
キジハタは全体に赤っぽい斑点があり、関西では姿形から「アコウ」や「アコ」と呼ばれることも。関東では「アコウ」と言えば、アコウダイやメヌケ類のことを指す。関西でハモに並ぶ夏の高級魚として知られ、脂ののった品のよい味わいが好まれる。

▼あこうと加茂茄子の揚げだし（Ｐ45）／あこうのとろとろご飯（Ｐ60）

●アジ
旬は一般的には春から夏にかけて。尾のつけ根からゼンゴと呼ばれる硬いウロコがあるのが特徴。

＊沼島の鯵／兵庫県南あわじ市の離島・沼島で7月～8月頃に旬を迎えるアジは小ぶりながら、よく太り、魚体は黄金色に輝くことから「キアジ（黄金アジ）」とも呼ばれ人気がある。

▼沼島の鯵と香味野菜の冷汁風（Ｐ48）

●アナゴ　→Ｐ34参照
▼賀茂茄子と蒸し穴子の冷やし田楽（Ｐ54）

●アユ
天然アユは石に付いた苔を食べて育つとされ、独特の香りを持つことから「香魚」とも呼ばれる川魚。旬の走りの「稚アユ」、旬の「若アユ」、夏の終わり頃には子を持つ「落ちアユ」など時期に応じた食べ方を楽しむ。アユは養殖も盛んに行われている。

▼鮎煎餅　緑酢を添えて（Ｐ56）

●アワビ
夏に旬を迎えるアワビは、クロアワビ、メガイアワビなど。特に黒アワビは高級食材として知られ、肉厚で身は強くように引き締まり、蒸すとねっとりと柔らかい歯ごたえ、刺身なら磯の風味とコリコリとした食感が楽しめる。

＊徳島の黒鮑／徳島県南部の沿岸で水揚げされるアワビは特に良質とされ、プロにも一目置かれる存在。刺身だけでなく、バター焼きやステーキ風など様々に楽しめる。

▼由良の雲丹と徳島鮑のすだちジュレかけ（Ｐ38）

●ウナギ
夏バテ防止として、夏の土用の丑に食べるウナギはスタミナ食材として知られるが、本当の旬は秋から冬頃。しかしウナギに含まれる栄養は夏バテ防止に役立つことから今では夏の食材として定着している。ちなみに、ウナギ料理の定番「ウナギの蒲焼き」は、関東では背開き、関西では腹開きにすることが多い。理由は、関東では武士が腹切り（切腹）を連想することから腹開きを嫌ったとか、関西では商人が多く、腹を割って話すということから、腹開きになったなど、諸説ある。

▼鰻と坊ちゃんかぼちゃの焼き物（Ｐ50）

●ウニ
夏が旬。国内で出回る多くがロシアや北米産。国内で食用に水揚げされるウニは、バフンウニ、ムラサキウニ、エゾバフンウニ、キタムラサキウニなどが中心。

＊由良の雲丹／淡路島・洲本沖で獲れたウニは上質であること知られ、食通からも支持されている。由良沖の良質な藻や海草類を食べて育つウニは甘味が強く極上品とされる。

▼由良の雲丹と徳島鮑のすだちジュレかけ（Ｐ38）／由良の雲丹とうすい豆のゼリー包み（Ｐ41）

●車エビ
天然物のクルマエビの旬は6～8月頃。ちなみに養殖（養殖物の旬は12～2月頃）が盛んになり通年手に入るようになったが、旬の天然車エビは、香りと甘み、身のきめの細さが格別。活け車海老を使う場合は、活きがよく跳ねるので、氷水などにしばらくつけて、おとなしくさせてから作業を行うとよい。

▼三田の新蓴菜と車海老の八方酢ジュレ和え（Ｐ42）

●トリ貝

名前の由来は鳥のクチバシに似ているとか、可食部分の形が昔の烏帽子（えぼし）に似ているから、または鶏肉の味に似ているなど諸説ある。生のトリ貝の身は柔らかで、しなやかな食感、そして上品な磯の香りが楽しめる。またサッと湯引きすると、しこしことした歯切れよい食感、独特の甘みが増すので、また違ったおいしさに。サッと炙るのもおすすめ。下ごしらえをする際は、食べる足の黒色をできるだけ生かすようにすること。水洗いをできるだけしないように扱うことが大切。

＊舞鶴の鳥貝／舞鶴を含む丹後地方は天然の大型トリ貝の優良漁場として知られる。大ぶりで味が濃く、噛むほどに旨味が広がる。

▼舞鶴の鳥貝と白ずいきの酢の物（P40）

●ハモ

「梅雨の雨水を吸っておいしくなる」と言われ、この時期のハモは、皮は薄く、脂がのって骨が柔らか。淡白ながら旨味もあり、特に関西の夏の風物詩として知られる高級魚。小骨があるので丁寧に骨切りをすることがポイント。骨切りは、皮一枚を残して身だけに細かく包丁目を入れる技で、一寸（3㎝強）に24～26回もの包丁目を入れるという高度な技術。

▼鱧南蛮漬けと甘酢漬けフルーツトマトの酢の物（P44）／冬瓜と白焼き鱧の梅香煮（P52）／鱧鍋　玉葱仕立て（P58）

■野菜類

●青じそ

シソ科シソ属の植物の葉。正式名は「紫蘇（しそ）」。「大葉」ともいうが、これは紫蘇の花穂じそと区別するため「青じその大きい葉部分」という意味の通称。爽やかな色と香りを夏の薬味やあしらいに多用。

▼福島の鯵と香味野菜の冷汁風（P48）

●うすい豆　→P117参照

▼由良の雲丹とうすい豆のゼリー包み（P41）

●梅干し

初夏に梅の果実を塩漬けした後、天日干しにしたもの。伝統的な保存食のひとつだが、最近では、梅干しの持つ効能に注目されている。クエン酸やミネラル成分が夏バテの疲労回復予防に効能があるとされる。さっぱりとした味わいで暑い時季には様々な料理に使われる。防腐効果もあるとされる。

▼冬瓜と白焼き鱧の梅香煮（P52）

●枝豆

大豆になる前の青いうちに収穫した未成熟な豆。元々は枝つきのまま出回ることが多く「枝豆」と称されるように。爽やかな緑色が、いかにも涼やかで、さやごと茹でて豆を食べる他、ペースト状にしたり、料理の彩りにするなど、様々な活用方法がある。

▼とうもろこしと枝豆豆腐の冷製椀（P46）

●かぼちゃ（坊ちゃんかぼちゃ）

手の平にちょうどのる程度と小さいながら、濃厚な甘みとホクホクの食感が楽しめる。小さいサイズを生かしてそのままかぼちゃを器代わりにして用いることも多い。

▼鰻と坊ちゃんかぼちゃの焼き物（P50）

●きゅうり

みずみずしくパリッとした歯ごたえと独特の風味が魅力。漬け物や酢の物にする場合、調理前に立て塩につけておくと味がなじみやすくなる。そのまま切るだけでなく、すりおろして使うと爽やかな緑色が一層引き立つ。

▼沼島の鯵と香味野菜の冷汁風（P48）／鮎煎餅緑酢を添えて（P56）

●じゅんさい

スイレン科の水草の一種で池や沼に自生する。浅い淡水の沼や池に育ち、芽の部分が小さく、ゼリー状の部分が多いほど美味しく品質がよいとされる。淡白な味とプリプリした歯ごたえ、ツルンとしたのどごしが魅力。最近は沼などに自生する天然ものに代わり、転作田を利用した栽培ものも多い。

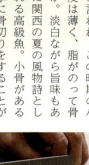

*三田の新蓴菜／かつては国内有数のじゅんさいの産地だったという兵庫県の三田市で採れるじゅんさい。出始めの頃の新じゅんさいは「一番芽」と呼ばれ、ゼリー状の部分が多く、品質が高いとされる。

▼三田の新蓴菜と車海老の八方酢ジュレ和え（P42）

●ずいき（白ずいき）

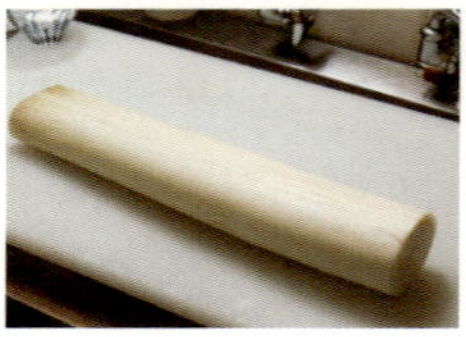

里芋の葉柄部分に特化して栽培したもので、表面の皮の色によって、赤、白、青の3種類がある。白ずいきは、海老芋や里芋などの葉柄に紙を巻いて日光があたらないように栽培したもの。別名は白だつ。日本料理では高級食材として珍重されている。

▼舞鶴の鳥貝と白ずいきの酢の物（P40）

●すだち

柚子の近縁種で特有の清々しい香りと風味が魅力。「酢みかん」ともいう。ほぼ100%が徳島県産。レモンなどと同様にクエン酸が多く含まれ、疲労回復に効果があるとされる。焼き魚や刺身、豆腐料理などに添えたり、絞り汁をかける他、果実酢として料理だけでなく、菓子類などにも使われる。夏の食卓には欠かせない名脇役。

*徳島のすだち／阿波の味覚を代表するすだちは、古くから徳島県の特産物として知られる。

▼由良の雲丹と徳島鮑のすだちジュレかけ（P38）

●玉ねぎ　→P36参照

▼鱧鍋　玉葱仕立て（P58）

●つくね芋　→P118参照

▼あこうのとろとろご飯（P60）

●冬瓜

冬の瓜と書いて「冬瓜」。名前からは、冬の野菜のように思えるが、実は夏が旬の野菜。出盛りの夏に収穫され、冬頃まで保存がきくということから、冬瓜と呼ばれる。やさしい味わいでクセがなく、どんな味つけにも合うことから、炊き合わせなどにもよく使われる。

▼冬瓜と白焼き鱧の梅香煮（P52）

●とうもろこし

原産地は中米。とうもろこしには一般的なスイートコーンの他にも、ポップコーン用の爆粒種や、コーンスターチなどでんぷんを利用する穀物種など多くの品種がある。食用にするのは主にスイートコーン種で、みずみずしく甘みが強いのが特徴。栄養価も高く、米や麦と並ぶ世界三大穀物のひとつ。近年は品種改良が進み、より甘味が強く、生食できるものも登場して人気を得ている。

▼とうもろこしと枝豆豆腐の冷製椀（P46）

●トマト（フルーツトマト）

ナス科の果菜で、原産地は南米のアンデス高地だとされる。一般的なトマトの他にも、グリーントマトやミニトマトなど種類が非常に多い。ちなみにフルーツトマトは、水分量を調整したり、土の塩分を高めるなど栽培時に工夫を施し、糖度をさらに高めたトマトの総称。

▼鱧南蛮漬けと甘酢漬けフルーツトマトの酢の物（P44）／沼島の鯵と香味野菜の冷汁風（P48）

●茄子

インド原産のナス科の一年草。歴史は古く、奈良時代に日本に渡来したとされる。種類が多く、一般に出回っているものには、「卵型」や「長卵型」が多い。他にも大きな米なすや、丸い賀茂なすなど、地方ごとに多くの品種がある。茄子自体は淡泊なので幅広い料理に使うことができる、油とも好相性。

*賀茂茄子／京都市北区上賀茂地域を産地とする京都特産の茄子。濃い紫紺色でころんと丸く大ぶり、果肉が緻密で加熱するととろけるような食感に。

▼賀茂茄子と蒸し穴子の冷やし田楽（P54）／あこうと賀茂茄子の揚げだし（P45）

●みょうが

土の中の茎から顔を出したつぼみ（開花前の若い花序）を食用にすることから「花みょうが」とも呼ばれる。特有の香りとほのかな苦味、シャキシャキした食感が夏の薬味として多用される。

▼沼島の鯵と香味野菜の冷汁風（P48）

autumn

秋の料理

小鉢・和え物

丹波黒豆のおからと丹波地鶏の卯の花豆腐クリームがけ

たんばくろまめ の おから と たんばじどり の うのはな とうふくりーむがけ

黒豆の中でも最高級品として扱われている丹波産の黒豆は、大粒で濃厚な味わいが特徴です。秋が深まり始める10月頃が収穫の最盛期。おから煮といえば、お惣菜の定番ですが、ここでは丹波の黒豆のおからを丹波特産の地鶏や野菜と一緒に炒め煮にして贅沢な味わいに。薄皮をむいた丹波の黒豆を添え、なめらかで真っ白な豆腐クリームをトッピング。全体を和えていただきます。

黒豆のおからは一般的な大豆のおからに比べて栄養価も高く、栄養素も豊富に含まれています。仕上げにトッピングするのは、黒豆ではなく一般的な絹ごし豆腐のなめらかなクリーム。白と黒のコントラストも楽しい。

黒豆（丹波黒豆）▶P92　鶏肉（丹波地鶏）▶P91　※作り方▶P144

前菜・刺身

横輪のつくね芋山かけ

よこわ の つくねいも やまかけ

関東でメジマグロと呼ばれる本マグロの幼魚を関西では〝横輪（ヨコワ）〟と称して好んで食べられます。トップシーズンのヨコワは、脂ののりもよく、本マグロにも引けをとらないおいしさ。脂がくどくなく、さっぱりとしているので年配の方や、トロが苦手という方にも向く魚です。香ばしく焼き霜にしたヨコワをつくね芋のとろろや温度玉子の卵黄とからめ、胡麻醤油ですすめます。

ヨコワは皮付きのまま香ばしくあぶって焼き霜にすることで、皮の下の旨みも一緒に味わいます。粘りとコシの強いつくね芋はすり鉢ですると、なめらかな食感に。ここに包丁で叩いた長芋と合わせて食感にほどよいアクセントを加えます。

ヨコワ ▶P91　つくね芋 ▶P92　※作り方 ▶P145

前菜・刺身

ソフトサーモンと香味野菜のサラダ

そふとさーもん と こうみやさい の さらだ

とろけるような舌ざわりと上品な燻製の香りが魅力のスモークサーモンは、サラダやすし種などの食材として幅広い年齢の方に人気があります。ここではシャキシャキと歯ざわりのよいレッドオニオンやきゅうり、人参をサーモンで巻いて、サラダ仕立てにしました。フレッシュなリコッタチーズやアボカドを添え、ドレッシング代わりに土佐酢ジュレをかけてご馳走感を高め、お洒落な雰囲気に仕立てました。

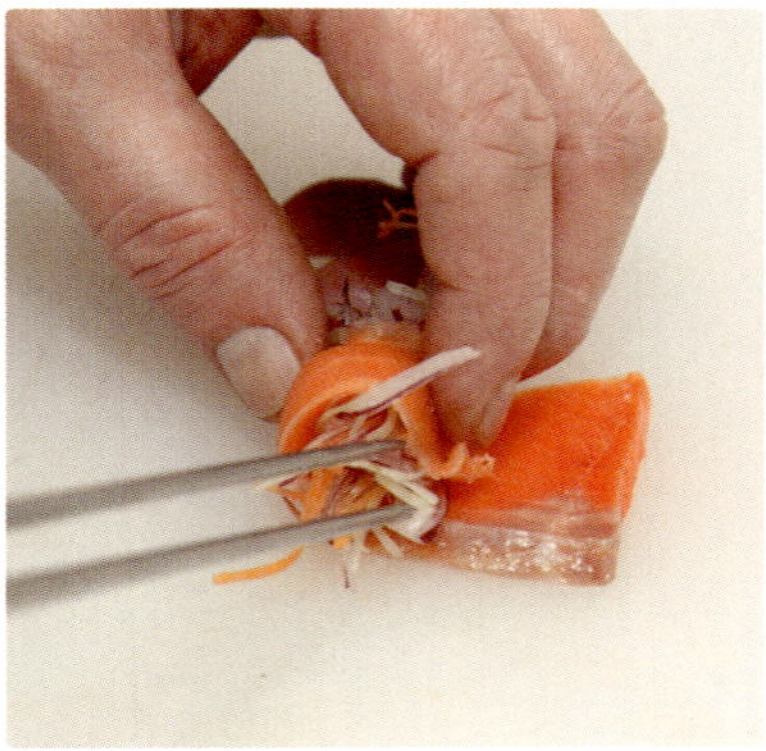

ソフトサーモンに巻く野菜は、レッドオニオン、きゅうり、人参などを使い、歯ざわりと彩りのよさを生かします。巻くときは箸を使って野菜を整えながらきっちりと巻くと、きれいに仕上がります。

サーモン（スモークサーモン）▶P90　※作り方▶P146

小鉢・和え物

魳と松茸のポン酢和え《かますとまつたけのぽんずあえ》

カマスはサンマよりも早く秋の訪れを告げると言われ、旬のカマスは白身ながら脂がのり、おいしさが増します。カマスは昆布〆にすると旨味が凝縮し、焼くとさらにおいしくなります。秋らしい黄菊と春菊をカマスと交互に盛ってポン酢をかけ、彩りのよい小鉢に仕立てます。

カマス ▶P90　松茸 ▶P92　※作り方 ▶P147

小鉢・和え物

紅葉鯛《もみじだい》酒盗《しゅとう》和え《あえ》

晩秋、紅葉が景色を彩る頃のタイは、紅葉のような体色であることから紅葉ダイと呼ばれ、身は甘みと旨味、脂ののり方のバランスがよく、春の桜ダイと並んで珍重されます。紅葉ダイの刺身を塩気と旨味のある酒盗、コクのある卵黄で和えます。酒の肴にぴったりの一品です。

タイ（紅葉鯛）▶P90　酒盗▶P90　※作り方▶P148

椀物・汁物

甘鯛と秋茄子の椀物《あまだいとあきなすのわんもの》

甘ダイと松茸の椀物は秋の献立の定番ですが、ここでは松茸の代わりに秋茄子を巻きました。甘ダイは淡白で甘みのある白身魚で関西では人気の高い高級魚。旬は夏ですが、産卵を終えた晩秋の甘ダイも脂がのり美味。くちなしで色づけをした長芋満月で秋の風情を表現しています。

アマダイ ▶ P90　茄子（秋茄子）▶ P92　※作り方 ▶ P148

椀物・汁物

秋鱧とあぶり松茸の椀物

あきはも と あぶりまつたけ の わんもの

子を放った後の晩秋の秋ハモは〝名残り〟のハモといわれ、さっぱりとして旬のハモとはまた違った味わいが楽しめます。そして秋の味覚の代表・松茸を合わせて香りのよい椀物に。ハモと松茸は俗に「ハモマツ」と呼ばれ、日本料理では相性のよい〝出会いもの〟とされています。

ハモ（秋鱧）▶P90　松茸▶P92　※作り方▶P149

煮物・蒸し物

煮穴子と海老芋の胡麻豆腐がけ

にあなご と えびいも の ごまどうふがけ

秋の深まりとともにおいしくなる海老芋と、脂ののったアナゴは秋の〝出会いもの〟です。海老芋は素材の持ち味を生かすよう、薄味のだしで煮含めます。一方、アナゴはしっかりと甘辛い味つけで柔らかく煮含めたもの。これらを器に盛り、コクのある胡麻のペーストを昆布だしや牛乳で割って葛で寄せたクリーミィな胡麻豆腐あんをかけます。提供する前に熱々に蒸し直し、最後にハモの旨味が詰まった上品な共地だしあんをかけて供します。

胡麻豆腐あんは、練り立てでないと、すぐに固まってしまうので、アナゴの上には熱いうちにかけるのがコツ。、また提供前に蒸し直すとクリーミィな食感に。

アナゴ ▶P90　海老芋 ▶P91　※作り方 ▶P150

焼き物

鮑ときのこの和風グラタン

あわび と きのこ の わふう ぐらたん

じっくりと時間をかけ、柔らかく蒸し煮にしたアワビ、秋の香りが詰まったしめじや舞茸、椎茸などのきのこをなめらかなホワイトソースで和え、熱々のグラタンに。ホワイトソースには白味噌とクリームチーズを加えてコクと旨味をプラスします。仕上げにかけるパルメザンチーズは塊で用意し、客の前でたっぷりとすりおろすと、シズル感を高め、さらに濃厚で風味よく仕上がります。

パルメザンチーズは、イタリア・パルマ地方原産のチーズで、長い熟成期間を経て作られるナチュラルチーズ。水分量が少なく凝縮された旨味と塩気があるのが特徴。あればブロックをおろし器ですると細かくふんわりと仕上がります。

アワビ ▶ P90　きのこ類（しめじ、舞茸、椎茸）▶ P92　※作り方 ▶ P151

焼き物

牛フィレ肉《ぎゅうふぃれにく》と松茸《まつたけ》の朴葉《ほうば》包《つつ》み焼《や》き

柔らかな牛フィレ肉と好相性の松茸を熊笹と朴葉で包み焼きにしました。加熱すると、中身は燻製されているのと同様に。燻されたような芳香が素材にも移り、食欲をかきたてます。牛肉は先にたれをつけて焼き、松茸や玉ねぎはアルミホイルに包んで焼いてから朴葉に包みます。

牛肉（牛フィレ肉）▶P91　松茸▶P92　※作り方▶P152

焼き物

由良《ゆら》の伊佐木《いさき》と石垣小芋《いしがきこいも》

産卵前で脂ののったイサキを幽庵地につけて香ばしく焼き上げ、新小芋を寄せた〝石垣小芋〟を添えて初秋の訪れを楽しみます。石垣小芋は、生地にウニも加えた贅沢な味わいの擬製豆腐の一種。名前の由来は切り出した断面の小芋が、まるで石垣のように見えることから。

イサキ（由良の伊佐木）▶P90　小芋（新小芋）▶P92　※作り方▶P153

焼き物

魳と秋の原木椎茸の杉板焼き

かます と あき の げんぼくしいたけ の すぎいたやき

晩秋になり、一層脂がのったカマスを幽庵地に漬け込み、肉厚の椎茸と一緒に杉板に挟んで香り豊かに焼き上げます。幽庵地は代表的なつけだれのひとつで、柚子の輪切りを加えることから〝柚庵地〟ともいいます。使い勝手がよく、年中用いられますが、やはり柚子の旬である晩秋は香りもよく、格別なおいしさです。仕上げに銀杏や紅葉、むかごをあしらい、秋らしく吹き寄せ風に。

カマスは幽庵地に漬けてから焼きますが、椎茸は酒塩でシンプルに味付けをして、それぞれの素材の持ち味を生かすようにします。杉板焼きは、材料に杉の香りを移す焼き物で、杉の薄板に材料をのせたり、挟んだりして香りよく焼き上げます。

カマス ▶ P90　きのこ類（椎茸）▶ P92　※作り方 ▶ P154

揚げ物

泉佐野産渡り蟹と三田南瓜のコロッケ

いずみさのさん わたりがに と さんだかぼちゃ の ころっけ

かぼちゃの収穫シーズンは夏ですが、収穫してすぐよりも追熟させた秋以降の方が水分も抜けて味わいがよくなります。栗のようにホクホクとした食感としっかりとした甘みが特徴の栗かぼちゃを使った生地の中には渡りガニの上身にクリームチーズを詰め、贅沢なコロッケに。衣には細かく砕いたぶぶあられをつけてカリッと香ばしく揚げ、熱々の八方あんをからめながらいただきます。

濃くて甘い風味とホクホクとした食感が魅力の栗かぼちゃの生地の中には、身は繊細で柔らかく、食べると濃厚な味わいの渡りガニを詰めます。コロッケの生地は、先にガーゼなどで茶巾に包んでから丸めると姿よく仕上がります。

ワタリガニ（泉佐野の渡り蟹）▶P91　かぼちゃ（三田のかぼちゃ）▶P91　※作り方▶P154

小鍋・鍋物

紅葉鯛と小かぶらの潮仕立て鍋

もみじだい と こかぶら の うしおじたてなべ

お互いのよさを引き立てあう食材の組み合わせを日本料理では「出会いもの」と呼んで大切にしていますが、タイとかぶもそのひとつです。脂がのって旨味が増した紅葉ダイと、優しい甘みのかぶは抜群の組み合わせ。ここではタイの身と一緒に、タイの中骨やカマといったアラも一緒に炊いて上品な旨味とコクを昆布だしで存分に引き出した贅沢な潮汁を鍋仕立てにして供します。

タイのアラはそのまま用いると臭みが出てしまうので、いかに臭みを出さず、旨味を引き出せるかがポイント。ここでは中骨やアラを香ばしく焼いてから、昆布だしで炊きます。途中出てくるアクは丁寧にすくいとることも風味よく仕上げるためには欠かせないコツ。

タイ（紅葉鯛）▶P90　小かぶ▶P92　※作り方▶P155

ご飯物

丹波松茸と丹波地鶏の炊き込みご飯茶漬け

たんばまつたけ と たんばじどり の たきこみごはんちゃづけ

京都府と兵庫県にまたがる丹波地方は、山に囲まれて寒暖の差が大きいことから松茸の生育に適しています。古くからこの地域で採れる松茸は、優れた味と香り、抜群の歯ざわりから最高級品として扱われています。そんな松茸と自然の中でのびのびと育った地鶏で炊き込みご飯を炊き、吸地でサラサラッとお茶漬け風に味わうという、このうえなく贅沢なご飯物です。

炊き込みご飯を炊く際は、地鶏は米と一緒に炊き込んで旨味を引き出しますが、松茸は、その香りや食感を最大限に生かすため、炊き上がりに加えて蒸らします。松茸の素晴らしい香りが広がり、贅沢な炊き込みご飯に。

松茸（丹波松茸）▶P92　鶏肉（丹波地鶏）▶P91　※作り方▶P156

四季を彩る食材 秋

■魚貝類

●アナゴ→P34参照

▼煮穴子と海老芋の胡麻豆腐がけ（P76）

●アマダイ

タイと名はつくが、マダイとは別種。名前の由来は体色がタイのように赤っぽく、身に甘みがあることから。関西では「グジ」と呼ばれ高級魚として扱われる。産卵後の晩秋から春先の寒い時期が美味しくなる。上品な白身で幅広い調理に適する。

▼甘鯛と秋茄子の椀物（P74）

●アワビ

一般的には夏が旬とされているが、寒くなる晩秋頃からおいしくなる種類のアワビもある。主に北海道や東北で獲れる。アワビは生だとコリコリとした食感が楽しめるが、じっくりと加熱すると柔らかくなり、また違ったおいしさが味わえる。

▼鮑ときのこの和風グラタン（P78）

●イサキ

スズキの仲間の白身魚で、柔らかく脂ののりもよいので焼き魚や煮魚、唐揚げなど幅広い調理が可能。初夏から秋にかけてが旬。大きめで脂ののった活けのイサキは刺身にしてもおいしい。一般的な旬は初夏だといわれているが、春の産卵に備えて体力をつけはじめる晩秋頃から冬のイサキも脂がのり、おいしいとされる。

＊由良の伊佐木／淡路島の由良漁港は、手前にある成ケ島が自然の防波堤の役割を果たしているため、天然の良港として知られる。イサキが多く棲む入り江や岩礁が多い。

▼由良の伊佐木と石垣小芋（P81）

●カマス

秋になると脂がのり、上品な味になる種類はいくつかあるが、代表的なのが赤カマスと大和カマス（青カマス）。秋から冬に旬を迎えるのが赤カマス（本カマス）で脂ののった白身は、塩焼き、干物、幽庵焼きなど、焼き物がおすすめ。身質はやや水っぽく柔らかいので刺身などよりも加熱調理に向く。

▼鰤と松茸のポン酢和え（P72）／鰤と秋の原木椎茸の杉板焼き（P82）

●サーモン（スモークサーモン）

脂ののりのよいサーモンを燻煙したもの。日本ではベニザケが使われることも多い。まず塩漬けにしてから、塩抜きと乾燥工程を経て低温（20℃前後）で時間をかけて燻煙する手法（冷燻）を行うことが多い。しっとりとした食感と濃厚な味わいが魅力。

▼ソフトサーモンと香味野菜のサラダ（P70）

●酒盗

名前の由来は、酒の肴にすると、あまりにも酒がすすむため、酒を盗んでも飲みたい、と言われていたことからだという。酒盗は内臓のみを原料として長期塩漬け発酵させたもの。カツオの酒盗が有名。ちなみに、混同しやすい「塩辛」は、内臓だけでなく身を入れたもので熟成期間も酒盗よりも短い。イカの塩辛などがよく知られる。

▼紅葉鯛酒盗和え（P73）

●タイ→P34参照

春先の鯛は姿形が美しいことから〝桜鯛〟と呼ばれて珍重されるが、本当の旬は秋頃。産卵を終えた鯛が、夏から秋にかけて豊富な餌を食べて脂がのり、体の色も赤味が増すため、同じ時期に盛りを迎える紅葉に例えて〝紅葉鯛〟と称される。

▼紅葉鯛酒盗和え（P73）／紅葉鯛と小かぶらの潮仕立て鍋（P86）

●ハモ（秋鱧）→P63参照

ハモの旬は夏とされるが、産卵後の晩秋のハモは、〝落ちハモ〟または〝名残りのハモ〟などと呼ばれ重用される。脂がほどよくのり、夏のハモとはまた異なるおいしさが味わえる。「（名残りの）ハモと

（走りの）松茸」の組み合わせは特に相性がよく、去り行く季節を惜しむ食材と、これから来る季節の到来への喜びを見いだす食材を組み合わせた「出会いもの」の代表例。
▼秋鱧とあぶり松茸の椀物（P75）

●ヨコワ
日本近海で育ったクロマグロの若魚のことで、関西では「ヨコワ」、関東では「メジ」と呼ぶ。身の色は親のクロマグロより赤みが薄く、味はマグロよりも淡白。漢字で書くと「横輪」と書き、体表の横縞が特徴。これは若魚のときだけにあり、成魚するとなるとなくなる。刺身はもちろん、皮目からあぶり、たたき風にすると皮もおいしく食べることができる。
▼横輪のつくね芋山かけ（P68）

●渡りガニ
名前の由来は。海を泳ぎ渡り、生息場所を移動させることからだという。ズワイガニやタラバガニのように身は多くはないが、旨味が強く、身がなめらかで繊細。多く出回るのは初夏から夏。雌ガニの内子が充実し、美味しくなるのは秋から冬にかけて。
＊泉佐野の渡り蟹／大阪湾の泉佐野沖は、ワタリガニの格好の漁場とされ、その付近で水揚げされたワタリガニは大きく甘味が濃厚で美味とされる。
▼泉佐野産渡り蟹と三田南瓜のコロッケ（P84）

■肉類

●牛肉（牛フィレ肉）
牛肉の中でも牛フィレ（ヒレ・ヘレ）肉は、背中側の腰の内側にある部分で、1頭の牛からほんのわずかしかとれず、サーロインやロースと並ぶ高級部位のひとつ。肉質は非常に柔らかく、脂肪が少なく上品な味わいが特徴。素材のおいしさをストレートに味わう、ステーキやローストなどに向く。焼きすぎないようにすることがおいしく食べるコツ。
▼牛フィレ肉と松茸の朴葉包み焼き（P80）

●鶏肉
日本では牛や豚より古くから食されてきた。さっぱりとしてクセがないので幅広い料理に合う。牛肉や豚肉に比べて淡泊ながら、ほどよい脂肪とコクがある。
＊丹波地鶏／兵庫県丹波地方でのびのびと飼育されたこだわりの地鶏。適度に引き締まった身質、脂肪が少ないがコクと旨味があるのが特徴。「地鶏」は古くからの在来種や、これを改良した鶏。飼育期間が長く、飼育環境や飼料にもこだわって品質を高めた鶏のことを指す。
▼丹波黒豆のおからと丹波地鶏の卵の花豆腐クリームがけ（P66）／丹波松茸と丹波地鶏の炊き込みご飯茶漬け（P88）

■野菜類

●海老芋
名前の由来はエビのように曲がった形、縞模様から。京都の伝統野菜のひとつ。キメが細かく、煮込んでも煮崩れしにくいので煮物に向く。
▼煮穴子と海老芋の胡麻豆腐がけ（P76）

●かぼちゃ
日本かぼちゃ、西洋かぼちゃ、ペポかぼちゃの3種類に分けられる。現在の主流は、ほくほくして甘みの強い西洋かぼちゃ。
＊三田の栗かぼちゃ／一般的なかぼちゃに比べて果肉が厚く強い甘味、ほくほくとした食感が特徴。甘みを引き出すため完熟で収穫し、風通しの良い場所に置いて熟成させる。
▼泉佐野産渡り蟹と三田南瓜のコロッケ（P84）

●黄菊
特に花びらを食べる食用菊の一種。食用の黄菊は、菊が盛んに咲く秋に多く出回る。色を生かすには酢を入れた熱湯でサッと茹でてすぐに冷ますのがコツ。料理の彩りや和え物などに用いることが多い。
▼鰤と松茸のポン酢和え（P72）

●きのこ類（しめじ、舞茸、椎茸）

一年を通じて店頭に出回るが、天然きのこの旬はやはり秋。一般的に流通する「しめじ」は「ぶなしめじ」で、人工栽培されたもの。クセのない味わいと独特の歯ごたえで幅広い料理に使える。「椎茸」は、シイの枯れ木に生えるきのこという意味。現在流通するのは、ほぼ栽培物。原木を使い自然に近い状態で作る原木栽培と、おがくずなどを使う菌床栽培がある。天然露地物は春と秋に出回る。「舞茸」は、ほとんどが栽培物で、天然物は非常に希少で高価。特有の香りとシャキシャキした食感が魅力。

▼鰤と秋の原木椎茸の杉板焼き（P82）／鮑ときのこの和風グラタン（P78）

●黒豆

黒大豆のこと。大豆の品種のひとつ。黒豆の煮豆は正月のおせち料理には欠かせない。通常の大豆よりも甘味や旨味が濃厚。なかなか珍しいところでは、黒豆（黒大豆）のおからもある。一般的なおからは白いが、黒豆のおからは黒っぽく個性的。普通のおから同様に料理に用いると趣向がかわり個性が出る。

＊丹波黒豆／丹波地方で栽培される黒豆は、特に大粒なことで知られる。独特の甘み、旨味が濃いのが特徴。若いさやは枝豆と同様に茹でて食べる。甘味が強いので煮豆や菓子にもよく使われる。

▼丹波黒豆のおからと丹波地鶏の卵の花豆腐クリームがけ（P66）

●小かぶ

アブラナの一種で、チンゲンサイや白菜、菜の花、キャベツなどの仲間。赤かぶ、白かぶなどの他、大小いろいろなサイズのものがある。最も一般的なのが「小かぶ」。旬は3～5月の春頃と、10～11月の秋。通年出荷されているが、春物は柔らかく、秋物は甘みが強くなる。胃腸の働きを活発にする酵素が豊富。かぶ自体は淡泊なので、旨味のある食材と組み合わせるとよい。特にタイと小かぶは、出合いものとしても知られる。

▼紅葉鯛と小かぶらの潮仕立て鍋（P86）

●小芋（新小芋）

里芋の株の中心を親芋として、そのまわりについている地下茎の側芽が成長して小さな芋状になったもののことを特に「小芋」と呼ぶ。また9月頃に出る出始めの小芋を「新小芋」として、小さく丸い姿形を料理に生かすことも多い。里芋には小芋を主に食べるための品種がある。ちなみに、芋は根ではなく「地下の茎が肥大化したもの」を指す。

▼由良の伊佐木と石垣小芋（P81）

●つくね芋　→P118参照

▼横輪のつくね芋山かけ（P68）

●茄子（秋茄子）

夏野菜としても知られるが、実は秋茄子の方がおいしいという説も。夏に成長に使っていた栄養を秋になると成熟し、実に栄養が多くいくようになるといわれ、皮も薄くなり果肉も柔らかくなる。シンプルな焼き茄子は秋のごちそう。

▼甘鯛と秋茄子の椀物（P74）

●松茸

独特の香りと食感は、日本料理の秋の献立には欠かせない。他のきのこ類のように人工栽培することが難しく、天然物を採取するため、収穫量が非常に少なく非常に高価。近年流通している物の多くは韓国や中国産や輸入物が多いが、やはり国産の松茸の香りは格別。

＊丹波松茸／京都と兵庫にまたがる丹波山地で採れる松茸。松茸の中でも「香りが強い」「歯ざわりがよい」「大ぶり」であることから最高級とされる。

▼鰤と松茸のポン酢和え（P72）／牛フィレ肉と松茸の朴葉包み焼き（P80）／秋鱧とあぶり松茸の椀物（P75）／丹波松茸と丹波地鶏の炊き込みご飯茶漬け（P88）

winter

冬の料理

煮物・蒸し物

伊勢海老の茶碗蒸し うすい豆の クリームソースがけ

いせえび の ちゃわんむし うすいまめ の くりーむそーすがけ

具にはバターでソテーをした伊勢エビの身ときのこを加えた贅沢な味わいの洋風茶碗蒸しです。茶碗蒸しの上には、彩りもよくなめらかなうすい豆のクリームソースをかけて供します。ソースは伊勢エビなどの殻をタイのアラだし、生クリームや牛乳を加えて煮出し、味わい深い極上のソースに仕上げています。なめらかな茶碗蒸しに濃厚なソースをからめながらいただきます。

伊勢エビの身とマッシュルームは、サッとバターでソテーして風味とコクをプラス。これを茶碗蒸しの卵液の中に加えてなめらかに蒸します。うすい豆のクリームソースは、だし自体の旨味が濃厚なので味つけは最低限でよく、最後に水溶き葛粉でうすくとろみをつけます。

伊勢エビ ▶ P116　うすい豆 ▶ P117　※作り方 ▶ P157

小鉢・和え物

松葉蟹《まつばがに》と下仁田葱《しもにたねぎ》の柚子味噌《ゆずみそ》がけ

寒くなるほどにおいしさを増す下仁田ねぎをじっくりと焼くと、とろりとして濃厚な甘みが出ます。これに浜茹でされた新鮮な松葉ガニの足身を取り合わせて、器に盛ります、仕上げにカニと相性のよい柚子味噌を鞍かけにして供します。

マツバガニ ▶P117　ねぎ（下仁田葱）▶P118　柚子 ▶P118　※作り方 ▶P158

小鉢・和え物

寒平目　鮟鱇肝巻き

かんびらめ あんこうきもまき

寒い時季のヒラメは「寒ビラメ」と呼ばれ、身が厚く上品な脂がのっておいしくなります。ヒラメは昆布〆にして、蒸したアン肝を巻き込みます。濃厚なアン肝とすっきりした甘みと歯ごたえのヒラメが絶妙なバランス！　すっきりとしたポン酢ジュレをかけてお出しします。

ヒラメ ▶ P116　　アン肝 ▶ P116　　※作り方 ▶ P158

小鉢・和え物

生子このわた和え

なまこ このわたあえ

「ナマコ」は産卵を控えた真冬の一番寒い時期のものが美味とされています。むっちりとした弾力のあるナマコ、そのワタ（腸）を塩辛にした珍味の「コノワタ」を共和えにしました。シンプルながら、それぞれの持つ旨味、食感、味わいが調和して絶好の酒の肴となります。

生子のみぞれ和え／下処理をしたナマコを大根おろしで和えます。ふり柚子をかけ、おろしわさびを天盛りに。さっぱりとした味わいが魅力です。

ナマコ ▶P116　コノワタ ▶P116　※作り方 ▶P159

焼き物

海鮮このわた石焼き

かいせん このわた いしやき

冬を代表する珍味・コノワタは、カラスミ、ウニと並ぶ日本の三大珍味としても知られています。ここでは、コノワタと一緒に新鮮なイカや車エビを熱々の石板で海鮮焼きにして味わいます。たれなどはつけず、コノワタの塩気や旨味、磯の香りを生かして一緒にいただきます。

調味料などは使わず、コノワタの塩気と旨味をエビやイカにからめます。これをシンプルに石焼きにして素材の持ち味を生かします。

イカ（モンゴウイカ）▶P116　車エビ▶P116　コノワタ▶P116　※作り方▶P160

椀物・汁物

鱈白子と蓮根饅頭椀 白味噌チーズ仕立て

たらこしらこ と れんこんまんじゅう しろみそちーず じたて

すりおろした蓮根は、蒸してから揚げてモチモチ食感の蓮根饅頭に。さらに天火で焼いたクリーミィなタラの白子を椀種にしています。白味噌にクリームチーズでコクを加えた変わり白味噌仕立ての汁はコクがあり、まったりとした味わいで、寒い季節には体が芯から温まります。蓮根は兵庫県姫路産の蓮根を使用しています。色が白く、アクが少なく柔らかいのが特徴です。

タラ白子は下処理がポイント。まず鮮度の良いものを選び、水にさらして血抜きをし、昆布を加えた熱湯（~80℃）で火を入れ、クリーミィな食感をキープ。蓮根饅頭は、蓮根のすりおろしを調味して蒸してから打ち粉をつけて香ばしく揚げます。

タラ白子 ▶ P118　蓮根 ▶ P120　白味噌 ▶ P120　※作り方 ▶ P160

煮物・蒸し物

車海老と里芋の湯葉あんかけ

くるまえび と さといも の ゆばあんかけ

ねっとりとした食感の里芋に車エビ、引き上げ湯葉を合わせ、だしのきいた熱々の八方あんをかけます。寒さが厳しい時期にはぴったりの一品で、滋味深く上品なおいしさが堪能できます。里芋は皮付きのまま蒸すことで、さらにほっこりもっちりとした食感になります。寒くなるとおいしさを増す里芋ですが、特有の粘り成分は粘膜を保護する働きがあるとされ、胃にも優しく体にも嬉しい食材です。

引き上げ湯葉は薄い板状の生湯葉で刺身としてもいただけます。あらかじめ吸い地でサッと炊いて下味をつけておくと味のなじみがよくなります。車エビは淡路島岩屋産のもの。塩茹でして色を出したら、すぐに冷水にとって色止めをしておきます。

車エビ ▶ P116　里芋 ▶ P118　湯葉 ▶ P118　葛粉 ▶ P118　※作り方 ▶ P161

煮物・蒸し物

河豚白子の蕪蒸し

ふぐしらこ の かぶらむし

冬の定番料理ともいえる「蕪蒸し」は一般的にすりおろしたかぶを白身魚などの具と一緒に蒸し、熱々のあんをかけたものです。ここでは白身魚の代わりにとろりと濃厚な味わいのフグの白子を使っています。すりおろしたかぶには卵白のメレンゲを加えてふわふわに蒸し上げ、透明感のある銀あんを張ってかぶの白さを引き立てます。寒い時期に体の芯から温まる滋味深い味わいの蒸し物です。

フグの白子は、薄塩をふってから天火で焼いて香ばしい香りをつけます、これをすりおろしたかぶにメレンゲを加えた生地で包んで蒸しあげます。仕上げにかけた銀あんとからんで、ふわふわとろり、なめらかな食感が楽しめます。

フグ白子 ▶P117　かぶ ▶P117　葛粉 ▶P118　※作り方 ▶P162

焼き物

フォアグラ味噌漬けと大根のステーキ

ふぉあぐら みそづけ と だいこん の すてーき

フォアグラと大根の組み合わせは、いわば洋と和の素材の出会いもの。大根の甘味が増し、柔らかくなる冬がおすすめ。大根とフォアグラ、それぞれの食材は下ごしらえを丁寧に施すことがおいしさの秘訣です。大根とフォアグラを取り持つソースは、バルサミコ酢に和風のステーキだれを合わせて煮詰めたもので、爽やかさにコクをプラスした味わいが美味。

大根は米のとぎ汁で下茹でしてから、吸地でサッと煮含め、弱火でじっくり焼きます。フォアグラは牛乳に漬けて血抜きをしてから、西京味噌の味噌床に漬けて香ばしくソテーします。それぞれの食材を丁寧に下ごしらえしておくことが味を高めるコツです。

フォアグラ ▶ P117　大根 ▶ P118　白味噌 ▶ P118　※作り方 ▶ P163

ご飯物

すっぽんとフカヒレの飯蒸し玉〆

すっぽん と ふかひれ の いいむし たまじめ

もち米に、すっぽんとフカヒレなどの高級食材を贅沢に加えた飯蒸しを玉〆にして、熱々のあんをかけてすすめます。玉汁やあんには、すっぽんを煮出した濃厚なスープを使い、滋味溢れる味わいに。スープやあんには生姜の絞り汁を加えると、一層風味がよくなります。

スッポン ▶P117　フカヒレ ▶P117　※作り方 ▶P164

焼き物

帆立貝《ほたてがい》と生雲丹《なまうに》の貝焼き《かいやき》

ホタテ貝の貝焼きに生ウニをトッピングすることで豪華な印象に。一般的な貝焼きは、だし醤油や味噌をかけて焼くことが多いのですが、ここでは目先を変えて、山芋をすりおろし、卵黄を加えたとろろをのせます。卓上コンロで焼いて熱々のところを召し上がっていただきます。

ホタテ貝 ▶ P117　ウニ ▶ P116　つくね芋 ▶ P118　※作り方 ▶ P165

揚げ物

虎魚と慈姑の唐揚げ

おこぜ と くわい の からあげ

オコゼは見た目はややよくないですが、フグに匹敵するほどの味のよさで知られています。特に気温が下がり、脂がのった寒のオコゼは最高に美味。オコゼの皮は揚げるとパリッと香ばしく、唐揚げにすると皮やヒレ部分もおいしくいただけます。縁起物として正月のお節料理にも使われるくわいは、独特のほろ苦さが魅力。こちらも唐揚げにするとホクホクとした食感になります。香味豊かなカレー塩添えて供します。

くわいは六方むきにして形を整え、くちなしの実を加えた熱湯で煮て、色づけしてから唐揚げにします。オコゼは葛粉をまぶし、最初はやや低めの温度で揚げ、いったん取り出してから温度を上げて二度揚げにすると水分が飛んでパリッと香ばしく揚がります。

オコゼ▶P116　くわい▶P118　※作り方▶P165

小鍋・鍋物

合鴨と京葱の小鍋仕立て

あいがも と きょうねぎ の こなべじたて

鴨肉のスライス、鴨肉のつみれ、さらにねぎをたっぷり取り合わせた冬の鍋です。〝かもねぎ〟という言葉があるように、鴨とねぎの組み合わせは大変相性がよく、特に冬場の脂がのった鴨、そして同じ頃ちょうど甘みと柔らかさが増すねぎは、お互いの持ち味を高め合う〝出会いもの〟のひとつ。鍋の〆には、そばを入れて、コクのあるだしで鴨南蛮風にしていただきます。

合鴨のロース肉、さらに合鴨肉を使ったつみれ、2つのおいしさが味わえます。合鴨ロース肉は表面を香ばしく焼いてからスライスします。合鴨のつみれは、昆布だしでサッと下茹でしてから鍋に加えると、余分な脂やクセが落ちてさっぱりといただけます。

合鴨 ▶ P117　ねぎ（京葱）▶ P118　※作り方 ▶ P166

小鍋・鍋物

氷見の鰤しゃぶ

ひみ の ぶりしゃぶ

富山県氷見のブリといえば、冬を代表する高級魚。脂ののった寒ブリの身は、刺身はもちろん、ブリしゃぶ、煮物、焼き物など、幅広く活用できます。ここでは、そぎ切りにしたブリをサッとだしに通し、素材のおいしさをシンプルに味わう、贅沢なブリしゃぶに。ブリには下味をつけておき、鍋だしはやや薄めの味つけに調えます。大根おろしを加え、さっぱりすすめます。

ブリは、あらかじめ同割の醤油、みりん、酒で下味をつけておきます。こうすることで、ブリをだしにサッとくぐらせ、あえてポン酢などはつけずにそのままいただきます。脂がのり、旨味のある寒ブリのおいしさが存分に堪能できる食べ方です。

ブリ（氷見の鰤）▶P117　※作り方▶P167

四季を彩る食材 冬

■魚貝類

●アン肝
アンコウの肝臓のこと。アン肝と呼ばれることが多い。アンコウが春先の産卵に向けて肝も充実し、濃厚でクリーミィ味わいが魅力。酒の肴として珍重。
▼寒平目　鮟鱇肝巻き（P97）

●イカ（モンゴウイカ）
カミナリイカとも呼ばれ、肉厚で甘みがある。一般的に「モンゴウイカ」の名で出回るのは冷凍の輸入品で別種なので混同しないよう注意する。
▼海鮮このわた石焼き（P99）

●ウニ
夏のイメージがあるが、海水温度により、ウニの生育状況が異なるため地域によって旬は違う。例えば、北海道の道東沿岸では、冬～春にかけてバフンウニのウニ漁が解禁。濃厚な旨味と甘味が楽しめる。
▼帆立貝と生雲丹の貝焼き（P109）

●伊勢エビ
岩礁にすむ大形のエビ。華やかな姿形から、鯛と並んで祝事には欠かせない縁起物としても知られる。身は弾力があり、甘味、旨味が濃厚。刺身や焼き物などにする他、頭や殻も濃厚なだしが出る。
▼伊勢海老の茶碗蒸し、うすい豆のクリームソースがけ（P94）

●オコゼ
一見するとグロテスクな外見に反し、身は上品な白身で歯ごたえがよい。皮も美味しく食べられる。内臓も活けのオコゼの下処理を行うときは、背ビレに毒があるので、背ビレをとる必要がある。
▼虎魚と慈姑の唐揚げ（P110）

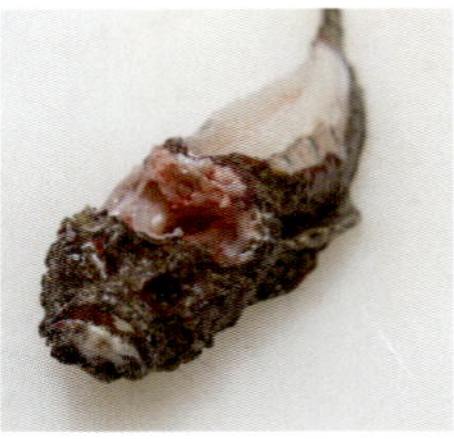

●車エビ　→P68参照
▼海鮮このわた石焼き（P99）／車海老と里芋の湯葉あんかけ（P102）

●コノワタ
コノワタはマナマコの腸管を塩漬けしたもの。取り出した腸から砂などを取り除き、塩水で洗ったものを一週間程度塩に漬け熟成させて作る。ナマコがおいしくなる冬の寒い時期につくったものが良品とされる。コノワタは、塩ウニ、カラスミと並ぶ、日本三大珍味の一珍味としても知られる。
▼生子このわた和え（P98）／海鮮このわた石焼き（P99）

●タラ白子
旬の白子は、口の中でとろりと溶けるような食感が魅力。おいしさを引き出すには下処理が大切。まず水で優しく洗い、血やぬめりを流水で落とし、スジ部分を切り落とす。。さらに昆布だしでサッと茹でるとぷりぷりした食感に。
▼鱈白子と蓮根饅頭椀　白味噌チーズ仕立て（P100）

●ナマコ
日本近海で獲れるナマコで食用とされているのはマナマコで、アオナマコ、アカナマコ、クロナマコの三種。酢の物として食されることが多く、コリコリとした独特の食感を楽しむ。黒ナマコは乾燥したものが有名で中国料理の高級食材として知られる。
▼生子このわた和え（P98）

●ヒラメ
冬が旬の高級白身魚。同じ仲間のカレイと区別がつきにくいが「左ヒラメに右カレイ」といわれるように、両目が頭の左側についている方がヒラメ。

近年は養殖物が多く流通し、一年を通じて出回るが、冬に水揚げされた天然ヒラメは「寒ビラメ」と呼ばれ、脂がのり特に美味。

▼寒平目　鮟鱇肝巻き（P97）

●マツバガニ

山陰地方で水揚げされるズワイガニのうち、成長した雄を「マツバガニ」と呼ぶ。ぎっしり詰まった身と上品な旨味が楽しめる。冬のご馳走のひとつ。

▼松葉蟹と下仁田葱の柚子味噌がけ（P96）

●フカヒレ

サメの背ビレや尾ビレなどを乾燥させた食材。中華料理の高級食材としても知られる。フカヒレそのものに味はないが、旨味のあるスープや調味料を使って独特の弾力と食感を楽しむ。

▼すっぽんとフカヒレの飯蒸し玉〆（P108）

●フグ白子

タラやフグが産卵期を迎える1～3月は、オスの精巣部分である白子もおいしくなる季節。とろりと甘い白子は、さっと湯引きしてから白子ポン酢にしても、鍋の具材にしても美味。

▼河豚白子の蕪蒸し（P105）

●ブリ

成長に伴い呼び名を変える出世魚の代表格で、東京ではワカシ、イナダ、ワラサ、ブリと呼び名が変化。産卵期前の冬のブリは特に脂ののりがよく「寒ブリ」と呼ばれる。

＊氷見の鰤／回遊魚であるブリが産卵前に北方から富山湾付近に南下。ブリの漁場から近い富山湾に面する氷見港は、鮮度がよい状態で水揚げできることで知られる。

▼氷見の鰤しゃぶ（P114）

●ホタテ貝

丸みを帯びた扇形の貝殻を持つ二枚貝。産卵期の冬に身が厚くなり、旨みも増すとされる。現在、国内で流通するホタテの大半は国産の養殖物。料理では貝柱を使うことが多く、単に貝柱と言えばホタテ貝の貝柱を指すことが多い。

▼帆立貝と生雲丹の貝焼き（P109）

■肉類・その他

●合鴨

アヒルとマガモをかけあわせた家禽。合鴨肉は皮下にたっぷり脂肪層があるのが特徴。合鴨の脂肪は体温よりも低い温度で溶けるため、口に入れたときの口当たりがよい。

▼合鴨と京葱の小鍋仕立て（P112）

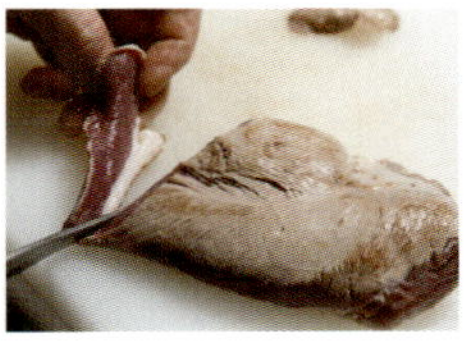

●スッポン

淡水産のカメの仲間で、甲羅が柔らかく、この甲羅のまわりのエンペラ部分に良質なコラーゲンを豊富に含むことから美容や健康によいとして珍重されている。スッポンを煮出したスープは滋養に溢れ、濃厚な味わい。

▼すっぽんとフカヒレの飯蒸し玉〆（P108）

●フォアグラ　→P35参照

ガチョウや鴨を強制飼育し、肥大させた肝臓のこと。

▼フォアグラ味噌漬けと大根のステーキ（P106）

■野菜類

●うすい豆

関西を中心に好まれる、えんどう豆の一種。グリーンピースとは別種。実成熟の実を食べる。ほくほくとした食感と上品な甘みが特徴。明治時代に米国から導入された実えんどうが大阪府羽曳野市碓井で栽培されたことが名前の由来。一般的な旬は春だが1月頃には鹿児島産などが出回りはじめる。

▼伊勢海老の茶碗蒸し　うすい豆のクリームソースがけ（P94）

●かぶ

かぶは「すずな」とも呼ばれ、春の七草のひとつ。基本的には晩秋から冬が旬。寒くなると一層甘味が増しておいしくなる。食感をよくしたい場合は、皮を厚めにむいて調理するとよい。すりおろしたかぶを白身魚などにのせて蒸し上げた「蕪蒸し」は寒い冬を代表する料理。

▼河豚白子の蕪蒸し（P104）

●くわい
茎の先に芽が見えることから「芽出たい」として、正月のおせち料理には欠かせない野菜のひとつ。旬は晩秋から冬にかけて。独特のほろ苦さがあるが、加熱するとホクホクとした食感になる。
▼虎魚と慈姑の唐揚げ（Ｐ１１０）

●里芋
サトイモ科の植物の地下の茎が肥大したものの総称で、肥大した地下茎を食べる。色々な種類がある。貯蔵性がよく、1年中出回るが、秋から冬にかけてが旬。調理する際は下煮をしてぬめりを落としてから用いると、味がしみこみやすくなる。
▼車海老と里芋の湯葉あんかけ（Ｐ１０２）

●大根
古くから日本人にはなじみの深い野菜で、旬は晩秋から冬。どんな味、調理法にも合う懐の深さから、和洋中ジャンルを問わず用いることができる。
▼フォアグラ味噌漬けと大根のステーキ（Ｐ１０６）

●つくね芋
通称「大和芋（やまといも）」とも呼ばれる。主に関西で出回る品種で、見た目はこぶしのような形をしているが、中は白く、山芋類の中では最も粘り気が強い。加熱するとふんわりとした食感になる。和菓子の材料としても使われる。
▼帆立貝と生雲丹の貝焼き（Ｐ１０９）／横輪のつくね芋山かけ（Ｐ68）

●ねぎ
一般的に関西では青い葉の部分が多い青ねぎ、関東では盛り土をして白い部分を長くした長ねぎが好まれる傾向にある。（写真は下仁田葱）

＊下仁田葱／太く育った白根を食べる根深ねぎの一種。群馬県下仁田町の特産品。加熱調理向き。
▼松葉蟹と下仁田葱の柚子味噌がけ（Ｐ96）
＊京葱／葉ねぎとも呼ばれ、主に青い部分を味わう。京都の九条ねぎがよく知られる。
▼合鴨と京葱の小鍋仕立て（Ｐ１１２）

●柚子
ミカン科。熟した黄柚子の旬は晩秋。料理の彩りや香りづけとして果皮も果汁も用いる。未成熟の青柚子は、爽快な色と香りで夏の料理に用いることが多い。
▼松葉蟹と下仁田葱の柚子味噌がけ（Ｐ96）

●蓮根
蓮の根ではなく地下茎が肥大したもの。「見通しがきく」として縁起がよいとされ、正月や祝席にもよく用いられる。周年出回るが、旬は秋から冬にかけて。新蓮根は7～9月初旬頃に出回る。
＊姫路蓮根／粘土質の低湿地帯が広がる兵庫県姫路市西部地区で栽培されたもの。蓮根。色が白く、柔らかいのが特徴。
▼鱈白子と蓮根饅頭椀　白味噌チーズ仕立て（Ｐ１００）

■その他

●葛粉
山野に自生するマメ科の植物の根を寒い時期に掘り出して砕き、デンプンをもみ出して乾燥したもの。料理のとろみづけなど、日本料理に多用される。奈良の吉野産が有名。
▼車海老と里芋の湯葉あんかけ（Ｐ１０２）／河豚白子の蕪蒸し（Ｐ１０４）

●白味噌
大豆に対する塩分量を少なく、麹の量を増やしてつくる甘みの強い味噌。濃厚な甘みとコクがあり、乳製品とも好相性。
▼フォアグラ味噌漬けと大根のステーキ（Ｐ１０６）／鱈白子と蓮根饅頭椀　白味噌チーズ仕立て（Ｐ１００）

●湯葉
豆乳を温め、表面に張った膜を寄せ引き上げたもの。生湯葉（引き上げ湯葉）と乾燥した干し湯葉がある。生湯葉は刺身として食べても美味。
▼車海老と里芋の湯葉あんかけ（Ｐ１０２）

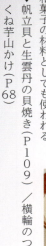

新しい日本料理の魅力をつくる
「四季の食材」の組み合わせ方

材料と作り方

新筍と貝柱の木の芽和え

▼料理はカラーP8

■材料／1人前

新筍…½本
タイラ貝…½個
吸地…適量
酒…少々
木の芽味噌＊…25g
穂じそ…2本

＊木の芽味噌（作りやすい分量）
玉味噌（P123参照）…250g
木の芽…1箱
青寄せ（左記参照）…全量
煮きり酒…100㎖
①玉味噌に煮きり酒を混ぜて柔らかくしておく。
②すり鉢に木の芽を入れてよくすり、玉味噌と青寄せ＊を加えて混ぜる。

作り方

1 新筍は、穂先を斜めに切り落としてから、米ぬか、乾燥赤唐辛子（以上分量外）を入れて、筍の根元に竹串が入る程度に湯がき、そのまま冷ましてから皮をむいてそうじをして、もう一度サッと湯がいて、ぬかの臭みをとる。

2 1の筍を根元から5㎝長さに切って、さらに縦に拍子木切りにする。吸地を沸かして4～5分炊いて火からおろし、そのまま冷ます。和える前にもう一度温めてざるにあげて汁気をきる。

3 タイラ貝は掃除をして筍と同じ長さに切って、酒煎りをしてざるにあげる。

4 ボウルに2の筍、3のタイラ貝、木の芽味噌＊を入れて混ぜ合わせ、大原木に盛り、形を整えたら、花穂じそをあしらう。

食材のコツ

［タイラ貝・筍］

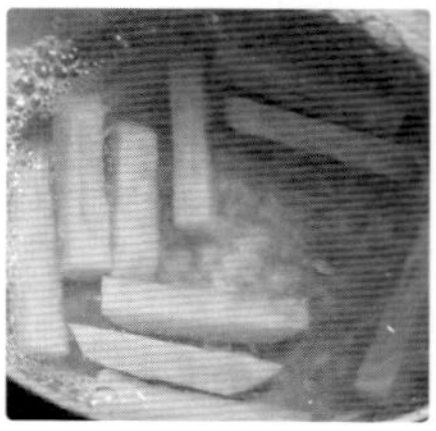

タイラ貝と筍は、それぞれサイズを揃えて切り、下処理は別に行う。タイラ貝は酒煎りをして余分な水分や臭みを抜く。筍は吸い地で含め煮にしておく。別に準備することで各素材の持ち味や風味、食感を生かして仕上げることができる。

青寄せの作り方

①ほうれん草½束分の葉を摘み、水400㎖、塩小さじ1を一緒にミキサーに入れて攪拌する。

②ボウルにざるのせて布をかけ、①の青汁を布濾しする。

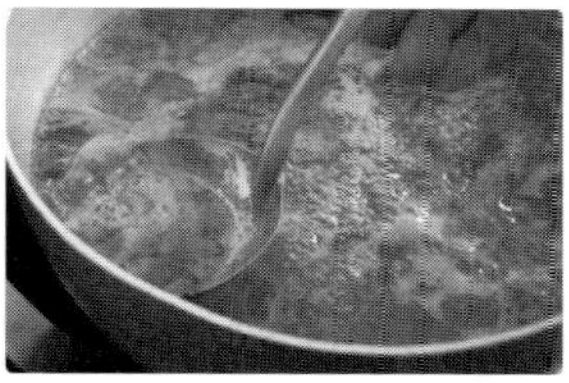
③鍋に熱湯を沸かし、ボウルに落ちた青汁を流し入れる。煮立ってきたら弱火にして、浮き上がってきた青寄せをすくいとる。

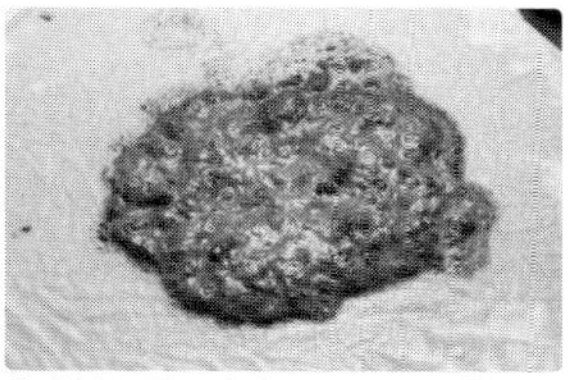
④裏漉し器に布巾をかけて、②ですくった青寄せをのせて冷ます。

※保存するときはラップでぴったりと包み、冷凍保存する。

壱岐の伝助穴子と早春の地野菜サラダ

▼料理はカラーP10

■材料／1人前

アナゴ（壱岐の伝助アナゴ）…80g
グリーンアスパラガス…1本
うど（三田産）…30g
紅芯大根…20g
オリーブオイル…少々
岩塩…少々
オニオンドレッシング＊…適量

＊オニオンドレッシング（作りやすい分量）
焼き玉ねぎ（P126参照）…大1個
新玉ねぎ（ざく切り）…¼個分
オリーブオイル・サラダ油…各50㎖
米酢…100㎖
薄口醤油…100㎖
煮きりみりん…100㎖
胡椒…少々

①甘味の強い玉ねぎを丸ごと250℃のオーブンで1時間程度焼いたものを用意し、冷ます。
②①の玉ねぎの皮をむき、残りの材料と一緒にミキサーにかけて、なめらかなドレッシングにする。

作り方

1 アナゴは脂ののったものを用意し、腹開きにして水洗いし、頭を背ビレを切り落とす。包丁の刃で皮のぬめりをこそげとる。

2 上身にしたアナゴの身は、頭付け根から腹の下あたりまでは、小骨が多いので、ハモと同じように細かく骨切りをする。

3 2のアナゴは皮目を上にして、強めの中火の天火で焼く。皮が縮んできたら裏返して両面を白焼きにする。焼き上がりにオリーブオイルを塗り、岩塩をふって食べやすく切る。

4 うどはそのまま拍子木切りにして酢水にさらす。アスパラガスはそうじをしてさっと塩茹でして冷水にとって冷まし、食べやすい厚みの斜め切りにする。

5 紅芯大根は皮をむいて食べやすい大きさに切り、水にさらす。

6 器に1～5を盛り、オニオンドレッシング適量を別器で添える。

食材のコツ

［アナゴ］

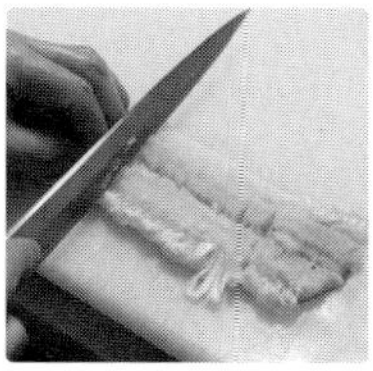

アナゴは頭の付け根から腹あたりまでは、小骨が多いので、ハモと同じように骨切りをしておくと、口当たりがよくなる。

和歌山御坊の新もずくと萩の赤貝の酢の物

▼料理はカラーP12

■材料／1人前

新もずく(御坊産)…80g
赤貝(萩産)…¼個
生姜(みじん切り)…少々
八方酢＊…80㎖

＊八方酢(作りやすい分量)
だし…420㎖
米酢…60㎖
薄口醤油…60㎖
みりん…60㎖
①材料を合わせて鍋に入れ、火にかける。煮立ってきたら火を止めて冷ます(もずく500gに対する分量)。

作り方

1 もずくは水洗いしてから、長い部分は切っておく。

2 鍋にたっぷりの熱湯を沸かし、1のもずくを入れてサッと湯通しして色出しをしたら、冷水にとって冷ましてざるにあげて水気をきる。

3 赤貝は、殻からはずしてそうじをしてボウルに入れ、塩みがきをして洗い、水気をきって細切りにする。

4 ボウルに八方酢(分量の3割程度)＊と2のもずくを入れ、酢洗いをしてざるにあげて水気をきる。

5 ボウルに4を戻し、生姜のみじん切り、残りの八方酢＊を合わせる。

6 器に5を入れ、3の赤貝を盛り付ける。

食材のコツ

[もずく]

もずくは、漬けてすぐよりも2日くらいたってからの方が、味がなじんでおいしい。ただ時間をおきすぎると、もずくが酢を吸いすぎて味が落ちるので注意する。

[赤貝]

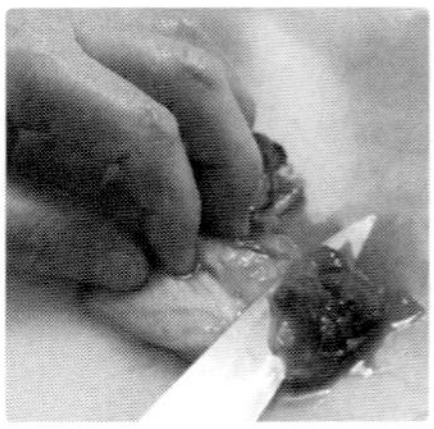

赤貝は身やヒモ部分だけでなく、新鮮なキモ部分は珍味としても知られるが、特に子(卵)を持つ初夏頃は毒を持つとされているので危険。旬(冬から新春)時期以外は食べない方がよい。

富山湾蛍烏賊と三田の山菜サラダ 柚子胡椒味噌

▼料理はカラーP14

■材料／1人前

ホタルイカ(富山湾産)…60g
こごみ…2本
たらの芽…2本
筍…50g
山うど…40g
そら豆…粒
漬け汁*…適量
紅芯大根…少々
柚子胡椒味噌*…20㎖

*漬け汁(作りやすい分量)
だし…800㎖
塩…小さじ1
薄口醤油…小さじ½
酒…小さじ2
①材料をすべて合わせる

*柚子胡椒味噌(作りやすい分量)
玉味噌*…100g
米酢…45㎖
土佐酢…45㎖
柚子胡椒…小さじ1
練り辛子…小さじ⅓
①材料をすべて合わせる

*玉味噌(作りやすい分量)
白味噌…200g
卵黄…1個分
酒…50㎖
みりん…30㎖
砂糖…大さじ1
①鍋に材料を合わせ入れてよく混ぜ、弱火で約15分練る。つややかになればよい。裏漉しにかけてから使う。

作り方

1 ホタルイカの目、口、軟骨を取り除き、土佐酢で洗っておく。

2 こごみ、たらの芽は、そうじをして、塩・重曹各少々(分量外)を加えた熱湯でサッと茹でたら冷水にとって冷まし、水気をきる。これを漬け汁*適量に浸して軽く味をつけておく。

3 筍は下処理をしてから食べやすい大きさに切り分け、吸地でさっと炊いて、ざるにあげて冷ます。

4 そら豆は薄皮をむいて塩水に浸けた後、強火の蒸し器で約2分蒸したら、冷ましておく。

5 山うどは皮をむいて乱切りにし、酢水につけた後、2と同様にしてから漬け汁*適量に浸しておく。

6 器に1～5を彩りよく盛り、柚子胡椒味噌*をかけ、花形人参と紅芯大根をあしらう。

食材のコツ

[ホタルイカ]

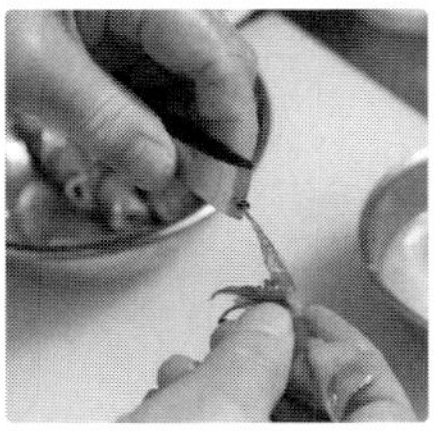

ホタルイカの目や口、軟骨は、口当たりが悪くなるので、あらかじめ丁寧に取り除いておく。また酢洗いをすることで臭みが和らぎ、和え衣との味のなじみもよくなる。

桑名産蛤と生海苔真丈の椀物

▼料理はカラーP16

■材料／1人前

ハマグリ(桑名産･ハマグリのスープに使用したもの)…1個
ハマグリ椀だし＊…150㎖
ハマグリ真丈＊…1個
葛水仙(左記参照)…10㎝角1枚
生海苔…15g
木の芽…2枚
生姜…少々

＊ハマグリ椀だし(作りやすい分量)
ハマグリのスープ＊…200㎖
だし…200㎖
酒…20㎖
薄口醤油･塩…各少々
①材料を合わせる。

＊ハマグリのスープ(作りやすい分量)
ハマグリ(桑名産)…2個
水…400㎖
昆布…5㎝角
①鍋に水、昆布を入れ30分程度おく。
②洗ったハマグリを①に入れて火にかけ、殻が開いてきたら火からおろし、身を取り出して椀種に使用する。
③煮汁を漉して「ハマグリのスープ」として使う。

＊ハマグリ真丈(作りやすい分量)
すり身…200g
ハマグリのスープ＊…100㎖
卵白…½個分
昆布だし…適量
①フードプロセッサーに、すり身、ハマグリのスープ、卵白を合わせ入れ、なめらかになるまで攪拌する。
②①を俵形にとり、沸かした昆布だしに落として真丈を作る。

作り方

1 ハマグリのスープ＊で使ったハマグリの身は、固い足部分には包丁で切り込みを入れておく。
2 椀にハマグリ真丈＊と、1のハマグリを盛り、葛水仙をのせる。
3 鍋に椀だし＊を沸かし、サッと熱湯に通した生海苔を加えて2の椀に張り、木の芽を天盛りして露生姜をふる。

食材のコツ

【ハマグリ】

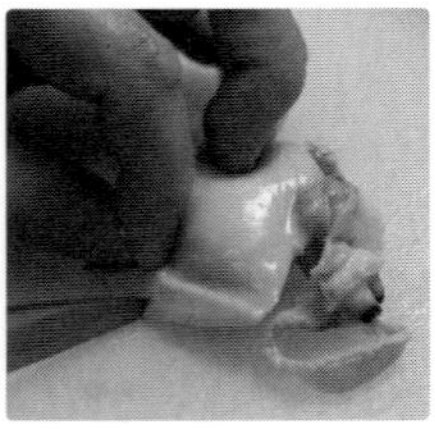

ハマグリの足部分は固いので、包丁の刃先で切り込みと入れておくと、かみ切りやすく食べやすくなる。

浅利と花山葵の椀物

▼料理はカラーP17

■材料／1人前

アサリ…120g
花わさび…30g
砂糖…少々
吸地＊…140㎖

＊吸地(作りやすい分量)
だし…1000㎖
酒…大さじ1
塩…小さじ½
薄口醤油…小さじ¼
①だしに酒、塩、薄口醤油を加えて火にかけ、味を調える。

作り方

1 花わさびは辛味の強いものを選び、バットに入れて熱湯をかけてラップでぴったりとふたをして3分ほどおいてから湯をきる。

2 1に砂糖少々をふってから軽く絞り、空気が入らないようタップに包んで密閉し、そのまま半日おいて辛味を引き出す。

3 使う前に取り出して汁気をきり、4～5㎝長さに切り揃えておく(花わさびは、仕上げにサッと炊くことで、辛味と風味がほどよく落ち着く)。

4 アサリは、貝と貝を合わせてこすりながら水洗いする。海水よりやや薄めの塩水を作り、バットにアサリを入れて塩水に浸ける。新聞紙などをかけて暗くしておくと、早く砂を吐く。

5 鍋に吸地＊とアサリを入れて火にかける。殻が開いてきたら、花わさびを加えてサッと炊き、3と共に椀に盛る。

食材のコツ

[アサリ]

アサリは殻が開いてから長く炊くと、身がしまって固くなってしまうだけでなく、貝殻から身がとれやすくなってしまうので、加熱時間には気をつける。

葛水仙の作り方

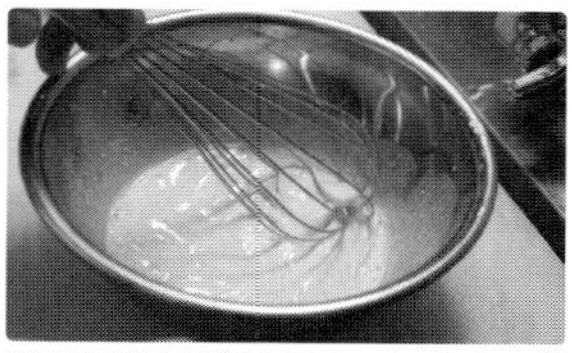

①吉野葛は水適量で溶いて、泡立て器などでダマのないよう、しっかり溶かしておく。

②バットに水溶きの吉野葛を2㎜厚さに流し、平行に熱湯に浮かべる。

③葛に火が入り、やや半透明になってきたら湯に沈める。

④透明になったらすぐに冷水にとり、バットから葛水仙をはがしとる。

⑤巻きすの上に葛水仙を広げてのせる。必要に応じてカットして使用する。

加太の黒目張と山城筍の煮付け

▼料理はカラーP18

■材料／1人前

黒メバル…300g
筍…70g
白髪ねぎ…20g
生姜…少々
木の芽…5枚
煮付けだし＊…適量
※米ぬかを筍1kgに対して100g、赤唐辛子（乾燥）1本を用意する。

＊煮付けだし（作りやすい分量）
だし…500㎖
酒…500㎖
濃口醤油…100㎖
みりん…100㎖
砂糖…大さじ1
①材料をすべて合わせる。

作り方

1 黒メバルに水洗いをして上身（うわみ＝盛り付ける時に上になる方）に隠し包丁を入れておく。

2 ボウルに1のメバルを入れて熱湯をかけたら、冷水にとってそうじをして、水気をふく。

3 筍は水洗いして、穂先を切り落とす。鍋に米ぬか、赤唐辛子、水、筍を入れて火にかける。大きさにもよるが、大きいもので約90分茹でたら、火を止めてそのまま半日おいて冷ます。

4 3の筍を取り出して皮をとり、そうじをして水洗いしてから半分に切る。サッと熱湯で茹でて米ぬかのにおいをとる。

5 鍋に煮付けだし＊を入れて火にかけ、煮立ってきたら、黒メバルに隠し包丁を入れた面を上にして入れる。落としぶたをして静かに煮立つ程度の火加減を保ち、10～12分程度炊いて、中心まで火を通す。

6 器に5のメバルを盛りつけ、4の筍を前盛しにする。白髪ねぎ、針生姜を天盛りにして、木の芽をあしらう。

仮屋の油目山椒焼きと三原の焼き玉葱

▼料理はカラーP20

■材料／1人前

アイナメ…⅓尾（約170g）
山椒焼きのたれ＊…適量
玉ねぎ…¼個
木の芽…3枚
オリーブオイル・岩塩…各少々

＊山椒焼きのたれ（作りやすい分量）
濃口醤油…180g
たまり醤油…180㎖
みりん…180㎖
酒…180㎖
氷砂糖…120g
①鍋に材料を合わせ、二割程度煮詰める。

作り方

1 アイナメは水洗いしてから三枚おろしにする。骨抜きで抜けそうな骨は抜いておく。頭側からハモの骨切りと同じようにして細かく包丁目を入れる。

2 骨切りをした上身に対して縦に金串3本を末広に打つ。金串に交叉させるようにして両端に竹串を刺して固定する。こうすることで皮が縮むのを防ぐ。

3 2を強火の遠火の天火で皮目から焼く。仕上げに山椒焼きのたれ＊を3～4回塗りながら焼き上げる。最後に木の芽のみじん切りをふる。

4 玉ねぎは、皮付きのまま250℃のオーブンで約1時間かけてしっかりと焼き、四等分のくし形に切る。

5 器に3のアイナメの山椒焼きと4の玉ねぎ1切れを盛り、玉ねぎにはオリーブオイルをまわしかけ、岩塩をふる。

但馬牛ロースと
山城筍のステーキ
フォアグラ木の芽味噌がけ

▼料理はカラーP22

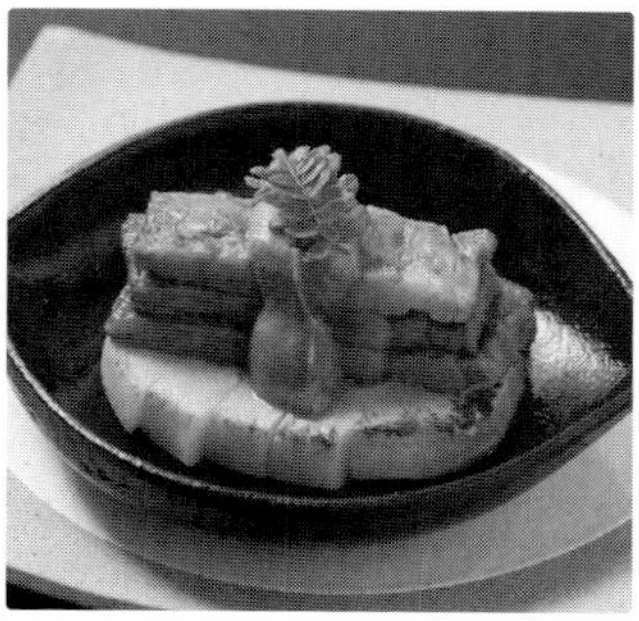

■材料／1人前

牛ロース肉(但馬牛)…70g
筍(山城産)…100g
塩・胡椒…各少々
フォアグラ木の芽味噌＊…20g
木の芽…2枚

＊フォアグラ味噌(作りやすい分量)
木の芽味噌(P120頁参照)…50g
フォアグラ…70g
牛乳…適量
①フォアグラは牛乳に1～2時間室温で漬けて血抜きと臭みを抜いてから、両面をほどよく焼く。
②フォアグラと木の芽味噌を合わせてフードプロセッサーにかけて、裏漉しする。

作り方

1 筍は下処理をして(P126「加太の黒目張と 山城筍の煮付け」参照)、根元部分を1.5㎝厚さの輪切りにする。

2 フライパンにサラダ油を熱して1の筍を軽く焦げ目がつく程度に両面を焼く。食べやすい大きさに切り分ける。

3 牛ロース肉は、室温に1時間程度おいて戻してから使う。肉の両面に塩・胡椒をふり、熱したフライパンで好みの加減に焼く。食べやすい大きさに切る。

4 鉄板に油を塗って軽く焼き、2の筍、3の牛ロース肉の順に盛り、フォアグラ木の芽味噌＊をかけて、木の芽をあしらう。

食材のコツ

［筍・牛ロース肉］

厳選された牛ロース肉や新鮮な筍のように、素材そのものが特に上質な場合、火の入れ方次第で仕上がりの味わいが変わるので注意する。火を入れすぎず、かといってレアすぎず。ほどほどの加減に火と通しつつ、香ばしさをプラスすることが素材の持ち味を生かすコツ。

山うどと新ごぼうのかき揚げ

▼料理はカラーP24

■材料／1人前

山うど…25g
新ごぼう…30g
ふきのとう…1個
かき揚げ衣＊…適量
サラダ油…適量
ゆかり塩…少々

＊かき揚げ衣（作りやすい分量）
水…1カップ
薄力粉…1カップ
卵黄…1個分
①ボウルに水を入れ、卵を合わせてよく混ぜる。
②①小麦粉をふるい入れてさっくりと混ぜる。

作り方

1 山うどは、太い部分は皮をむいて縦半分に切ってから斜め細切にする。細い部分は皮付きのまま斜め細切りにする。
2 新ごぼうは洗って、1と同様にして斜め細切りにする。
3 ふきのとうは葉をちぎり、花部分を切る。
4 ボウルに1～3を入れ、打ち粉として薄力粉少々（分量外）を加えて全体になじませる。
5 4にかき揚げ衣＊を、それぞれの山菜がまとまる程度に少量加えて全体に和える。
6 175℃の揚げ油で、5をからりと揚げて油を切り、器に盛る。すり鉢ですったゆかり粉を添える。

宍道湖の白魚とたらの芽餅米揚げ山椒塩

▼料理はカラーP25

■材料／1人前

シラウオ…5尾
たらの芽…1個
ぶぶあられ…適量
卵白…少々
小麦粉…少々
山椒塩…少々

作り方

1 シラウオは姿のよいものを選び、塩水でサッと洗い、水気をふく。
2 たらの芽はそうじをして、根元に十字の切り込みを入れる。
3 ぶぶあられは、フードプロセッサーなどで細かく砕いておく。
4 シラウオにまず小麦粉をまぶし、卵白にくぐらせて、3のぶぶあられをまぶしつける。
5 170～175℃程度に熱した揚げ油に4のシラウオを入れてからりと揚げる。
6 器に5を盛り、別の器で山椒塩を添える。

食材のコツ

［シラウオ］

繊細なシラウオの白さ、風味を生かすため、小麦粉をまぶした後、ここでは卵白をつなぎにして、衣（ぶぶあられ）をつけ、素材の風味、色合いを生かす。

明石鯛と鳴門若布のしゃぶしゃぶ

▼料理はカラーP26

■材料／1人前

タイ（上身）…100g
生ワカメ…80g
素麺…½束
しゃぶしゃぶのだし＊…350㎖
すだち…½個
紅葉おろし…少々
青ねぎ（小口切り）…少々
水菜…20g
青じそ…1枚
ポン酢…30㎖
生姜すりおろし…少々

＊しゃぶしゃぶのだし（作りやすい分量）
タイの中骨・腹骨…1尾分
だし…600㎖
水…300㎖
酒…50㎖
塩…小さじ½
薄口醤油…小さじ⅓
①中骨と腹骨は220℃のオーブンで約12分焼いておく。
②だし、水、酒と一緒に①を鍋に入れて火にかけ、弱火で1～2割程度煮詰めてから塩、薄口醤油で味を調える。

作り方

1 タイは水洗いをして三枚におろす。中骨、腹骨はだしに使うのでとっておく。おろし身をそぎ切りにする。

2 生ワカメは水洗いをして、そうじをして、食べやすい長さに切り揃える。

3 素麺は熱湯で約1分茹でて冷水にとって揃えて引き上げる。

4 水菜は4㎝長さに切って器に盛る。青じそを敷いてタイのそぎ身を盛り、生ワカメ、素麺を盛って、おろし生姜、すだちを添える。

5 ポン酢を別器に入れ、紅葉おろし、青ねぎを加え、タイと生ワカメをつけながらいただく。最後におろし生姜を加えて、素麺をつけていただく。

食材のコツ

［タイのアラ］

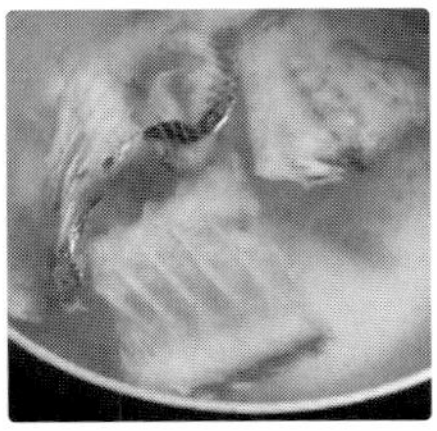

「明石鯛と鳴門若布のしゃぶしゃぶ」の鍋だしは、タイの中骨やアラを香ばしく焼いて、だしで煮出した贅沢なもの。
タイのアラは、タイを上身におろす際に出る中骨やカマなどの身以外の部分。アラ部分にはコラーゲンやゼラチン質も豊富で旨味成分も多く、だしをとるのには最適な部分。そもまま使うと生臭さが出るので、あらかじめ焼いたり、熱湯で霜降りにしてから用いる。

タイの三枚おろし

①丁寧にウロコをとったら水洗いをして、腹を肛門まで切り開く。

②エラ、内臓を取りだす。

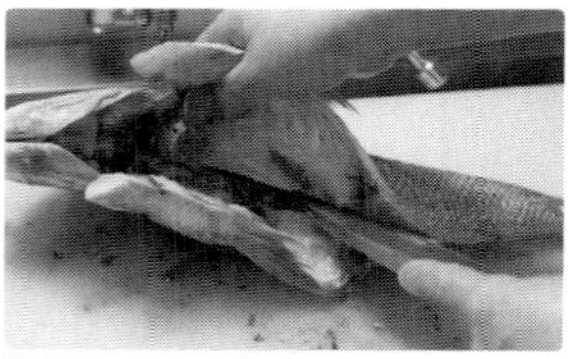

③中骨の血合い部分に包丁の切っ先で切り込みを入れてかき出す。

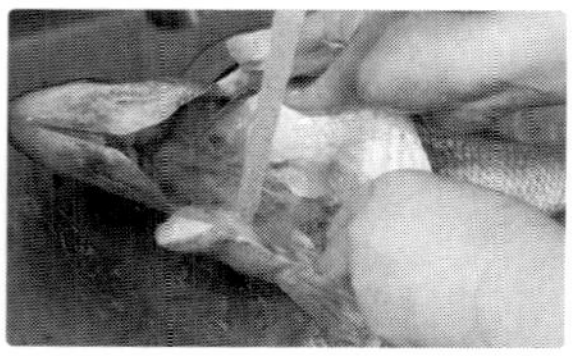

④流水で血合いや汚れをきれいに洗い流して水気をよくふく。

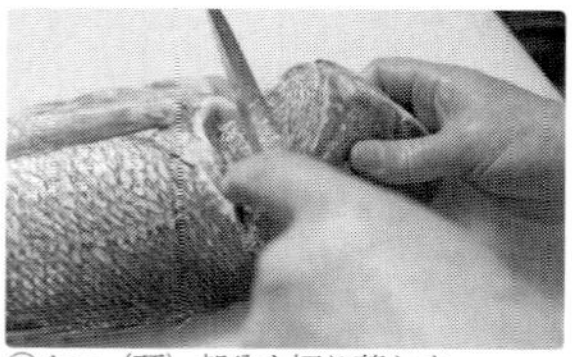

⑤カマ（頭）部分を切り落とす。

⑥頭を左にして置き、尾の付け根に切り込みを入れたら、腹から中骨に沿って包丁を入れる。

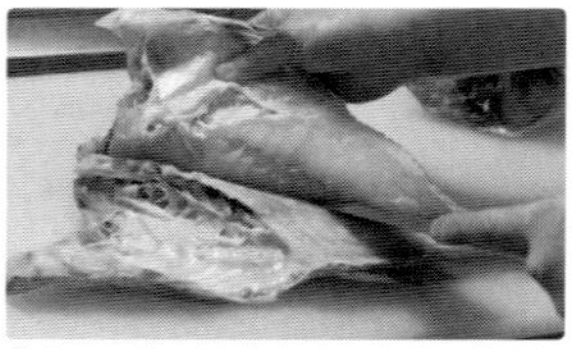

⑦さらに包丁をすすめ、中骨の上を切り、上身を切りとる。

⑧下身の背を手間に、頭を左にして置き、背側から中骨に向けて包丁を入れ半身を切り開く。

⑨そのまま中骨の上を切りすすめて下身を切り離す。これで上身、下身、中骨の３枚に切り離し完了。

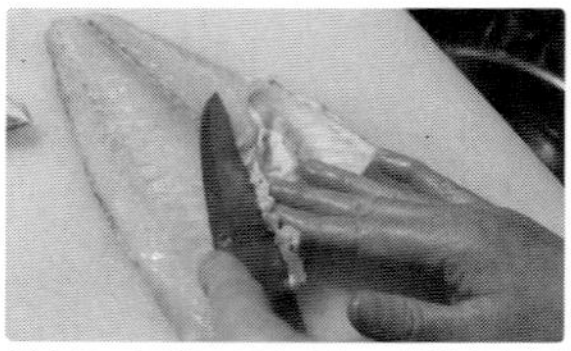

⑩上身、下身、それぞれの腹骨を包丁ですき取る。ここまでが三枚おろし。

⑪さらに、刺身や焼き物に使う場合、用途に応じて、中骨部分に包丁を入れてサクにとり、血合や中骨部分を切りとる。

※中骨やアラも捨てることなく使用。熱湯で霜降りにしたり、焼いてからだしにすると旨味のあるだしがとれる。

新ごぼうと但馬牛ロース鍋

▼料理はカラーP28

■材料／1人前

新ごぼう…1本
牛ロース肉（但馬牛）…150g
卵…½個
長芋すりおろし…40g
鍋だし＊…200㎖
木の芽…5枚
粉山椒…少々

＊鍋だし（作りやすい分量）
だし…700㎖
酒…100㎖
濃口醤油…100㎖
みりん…100㎖
砂糖…120g
①材料を合わせて火にかけ、煮立ったら火をとめる。

作り方

1 新ごぼうは洗って、ささがきにして水にさらしてからサッと茹でておく。

2 鍋に1のごぼうを敷いて、鍋だし＊を入れる。牛ロース肉を並べて木の芽を添える。

3 すりおろした長芋と卵を合わせてとろろ玉子を作る。

4 鍋を火にかけ、具が煮えたら、肉や野菜をとろろ玉子につけながらいただく。または。煮えたところに、とろろ玉子を流し込んでもよい。好みで粉山椒をふる。

淡路島岩屋の釜上げしらす生海苔だし茶漬け

▼料理はカラーP30

■材料／1人前

釜上げしらす（淡路島岩屋産）…45g
生海苔…20g
おろしわさび…少々
炊きたてのご飯…100g
＊かけだし…180㎖

＊かけだし
だし…1ℓ
塩…小さじ½
酒…大さじ1
①材料をすべて合わせる。

作り方

1 生海苔は、水洗いをしてざるに入れ、水分をきってから包丁で細かく叩いておく。

2 鍋にかけだし＊を入れて火にかけ、沸いてきたら1の生海苔を加えて、温めておいた鉄瓶（または急須）に入れる。

3 炊きたてのご飯を茶碗によそい、釜上げしらすを盛る。2のかけだし＊を好みの量注ぎ、おろしたてのわさびを添える。

明石鯛と山菜の桜寿司

▼料理はカラーP32

■材料／1人前

タイ(上身)…50g
甘酢(P137参照)…適量
すし飯＊…130g
こごみ…2本
山うど…20g
わらび…4本
鼈甲椎茸…1枚
桜の花(塩漬け)…3本
桜の葉(塩漬け)…適量
錦糸玉子…20g
甘酢生姜…少量

＊すし飯(作りやすい分量)
ご飯…3合分
すし酢＊…約100～120㎖
①炊き立てのご飯にすし酢をまわしかけ、切り混ぜて全体になじませる。(すし酢の分量は状況に応じて調整する。)

＊すし酢(ご飯1升分に対する分量)
米酢…200㎖
砂糖…150g
塩…40g
①材料を合わせる

＊鼈甲椎茸(作りやすい分量)
干し椎茸(戻したもの)…500g
干し椎茸の戻し汁…500㎖
だし…500㎖
酒・みりん…各100㎖
砂糖…大さじ4
濃口醤油…120㎖
①鍋に戻した椎茸以外の材料を入れて火にかける。
②煮立ってきたら、戻した椎茸を入れ、落としぶたをして煮汁が少なくなるまで煮含める。

＊かんぴょう煮(作りやすい分量)
かんぴょう(戻したもの)…500g
だし…800㎖
酒…100㎖
砂糖…大さじ2
みりん…100㎖
濃口醤油…100㎖
①鍋に戻したかんぴょう以外の材料を入れて火にかける。
②煮立ってきたら、戻したかんぴょうを入れ、落としぶたをして煮汁が少なくなるまで煮含める。火を止めてそのまま冷まし、味を含ませる。

作り方

1 タイは水洗いをして三枚におろして上身にする。骨を抜いてそぎ切りにする。

2 桜の葉と桜の花の塩漬けは、それぞれほどよく塩抜きをする。

3 バットに2の桜の葉を敷いて1のタイのそぎ身を並べ置き、薄塩をふって桜の葉をのせる。もう1枚バットをのせて重石をして30分程度おく。

4 3のタイを甘酢にくぐらせる。

5 山うど、こごみはサッと湯通しした後、吸地適量(分量外)につけておく。わらびはバットに入れて灰をまぶして熱湯をまわしかけ、冷めるまで4～5時間そのままおいてから水洗いする。再び熱湯にくぐらせてから冷水にとり、水気をきって漬け汁(吸地・分量外)に浸しておく。

6 すし飯が温かいうちに、刻んだ鼈甲椎茸＊とかんぴょう煮＊を加えて合わせる。

7 器に6のすし飯を盛り、錦糸玉子、5の山菜、鼈甲椎茸＊少々(分量外)を飾り、4のタイをのせる。桜の花をあしらい、甘酢生姜を添える。

由良の雲丹と徳島鮑のすだちジュレかけ

▼料理はカラーP38

■材料／1〜2人前

戻しアワビ*…½個
生ウニ…100g
すだちジュレ*…60㎖
おろしわさび…少々
すだち（輪切り）…4枚
花穂じそ…2本

*戻しアワビ（作りやすい分量）
黒アワビ…1個（300g）
水…800㎖
酒…800㎖
昆布…15㎝角1枚
大根（輪切り）…140g
①黒アワビは殻から身をはずし、キモをとって塩でみがいて水洗いする。
②鍋に水、酒、昆布、大根を入れて、①のアワビを入れ、弱火で3時間程度炊いて柔らかくする。

*すだちジュレ（作りやすい分量）
だし…150㎖
米酢…20㎖
薄口醤油…25㎖
みりん…25㎖
すだち絞り汁…10㎖
板ゼラチン…4g
①板ゼラチンは水（分量外）で戻しておく。
②鍋にだし、米酢、薄口醤油、みりんを合わせて火にかけ、沸いてきたら火を止める
③①の板ゼラチンを加えて溶かす。
④粗熱がとれたら、すだちの絞り汁を加えて混ぜ。冷蔵庫で冷やし固める。

作り方

1 戻しアワビ*は、波切りにしながらそぎ切りにして、隠し包丁を入れる。
2 器に1のアワビを並べ置き、生ウニをのせる。
3 すだちジュレ*は裏ごしをしてから、2の上に盛り、おろしわさびを天盛りにする。花穂じそをあしらい、すだちの輪切りを前盛りにする。

食材のコツ

［アワビ］

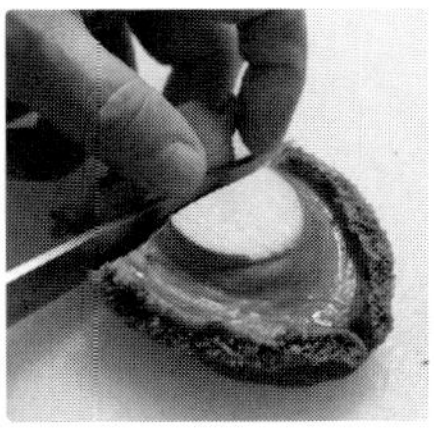

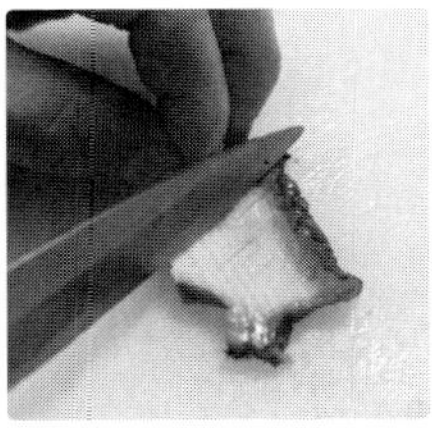

アワビの切り身には波状の切り口になるよう「波切り」にする。これはアワビの表面がなめらかで、すべりやすく箸で持ちにくいことや、すだちジュレやウニなどとのからみをよくするため。切るときは、包丁の切っ先を使い、持ち手を細かく左右に振動させながらゆっくりと引き切る様にするとよい。

舞鶴の鳥貝と白ずいきの酢の物

▼料理はカラーP40

■材料／1人前

トリ貝…1個
白ずいき…70g
大根おろし…適量
赤唐辛子（乾燥）…3本
オクラ…1本
磯辺酢ジュレ＊…適量
すだち…½個
おろしわさび…少々

＊磯辺酢ジュレ（作りやすい分量）
土佐酢（P146参照）…200㎖
焼き海苔…全形1枚
板ゼラチン…4g
①土佐酢に焼き海苔を小さくちぎって入れ、しばらくおいてなじませたら火にかける。
②沸いてきたら火からおろして水でふやかしておいた板ゼラチンを加えて溶かし、粗熱をとってから冷蔵庫で冷やし固める。

作り方

1 トリ貝は殻から身をはずし、そうじをして立て塩で洗う。

2 白ずいきは下処理をする（左記参照）。薄皮をむき、1本を縦4～5等分に割って束ねる。酢水に浸けてアク止めをする。

3 鍋に湯を沸かし、大根おろし（水5ℓに対して大根おろし⅓本分と赤唐辛子を入れる。煮立ってきたら白ずいきを入れて3～4分茹でて水にさらして水気をきっておく。

4 鍋に吸地適量（分量外）を沸かして、白ずいきを入れてさっと炊いてざるにあげて冷ます。冷めたら吸地に再度漬け込む。

5 オクラは塩みがきをしてサッと茹で、冷水にとって冷まし、縦半分に切って種をとる。フードプロセッサーにオクラをざく切りにして入れ、吸地少々（分量外）を加えて撹拌する。オクラとろろを作る。

6 トリ貝の上身をバットの上に並べ、薄塩をあててしばらくおく。ガスバーナーで皮目をさっとあぶって半分に切る。

7 器に束ねた4のずいきを盛り、磯辺酢ジュレ＊をかける。トリ貝をのせ、オクラとろろ、おろしわさび、すだちを添える。

食材のコツ

［トリ貝］

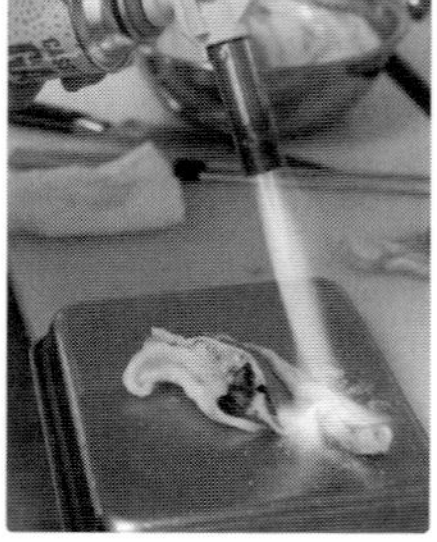

トリ貝はあぶることによって、トリ貝の臭みやクセをやわらげ、甘味と香ばしさを引き出すことができる。

白ずいきの下処理

①根元から上に向かって表面の皮やスジをとる。

②皮をはがし、繊維に沿って縦4～5等分に切り分ける。

③酢水に浸けてアク抜きをする。

④熱湯に赤唐辛子と大根おろしを加えて、軽く茹でる。

⑤すぐに冷水にとって洗う。シャクシャクした歯ざわりが身上。

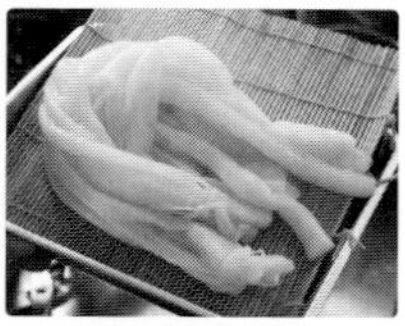

⑥巻きすにとって、水気をきる。

※吸地に下漬けする。仕上がりが水っぽくならない。

由良の雲丹と うすい豆のゼリー包み

▼料理はカラーP41

■材料／1人前

生ウニ…50g
うすい豆（むいたもの）…70g
コンソメゼリーシート＊…適量
花穂じそ…2本
セルフィーユ…少々

＊コンソメゼリーシート（作りやすい分量）
コンソメ＊…100mℓ
薄口醤油…少々
塩…少々
板ゼラチン…10g
①板ゼラチンは水適量（分量外）で戻しておく。
②コンソメ＊に薄口醤油と塩をほんの少し加えて味を調えて火にかけ、煮立ってきたら火を止める。
③②に戻した板ゼラチンの水気をきって加えて溶かす。
④バットなどに③を薄く流してシート状にして粗熱をとり、冷蔵庫で冷やす。

＊コンソメ（作りやすい分量）
牛挽き肉…200g
鶏挽き肉…200g
水…2ℓ
トマト…1個
玉ねぎ…½個
人参…½本
卵白…2個分
①ボウルに牛挽き肉、鶏挽き肉を合わせ、卵白を加えてよく混ぜたら、柔らかくなる程度に水（分量外）を適量加えて練る。
②玉ねぎと人参は、それぞれ細かく切って①と合わせる。
③鍋に水と②を入れ、さいの目に切ったトマトも加えて火にかける。
④60～70℃程度になるまで、混ぜながら火にかけ、沸いてきたらアクを丁寧にとって弱火にする。
⑤水分量が⅓量になるまで炊いたら、火からおろして布濾しをして粗熱をとって冷蔵庫で冷やす。
⑥上に浮いた脂分は取り除いて澄んだコンソメスープにする。

作り方

1 生ウニは薄塩をあてておく。

2 うすい豆をさやから出して塩茹でにし、水にとって冷ましたら、ざるにあげて薄皮をむく。

3 2のうすい豆を裏漉しにかけてペースト状にして、手に適量のせて細長く握る。

4 3の上にウニをのせ、適当な大きさにカットしたコンソメゼリーシート＊で巻く。

5 器に4を盛り、花穂じそとセルフィーユをあしらう。

食材のコツ

[うすい豆]

うすい豆は、さやから出して、塩茹でした後、裏漉しにかけたペースト状にするために、さらにひと手間をかけて、薄皮をむくことで口当たりがよくなる。

三田の新蓴菜と車海老の八方酢ジュレ和え

▼料理はカラーP42

■**材料／1人前**

新じゅんさい…80g
車エビ…1尾
温度玉子の卵黄…1個分
きゅうり…少々
八方酢ジュレ＊…20g
ラディッシュ（薄切り）…¼個分

＊八方酢ジュレ（作りやすい分量）
だし…200mℓ
米酢…20mℓ
みりん…20mℓ
板ゼラチン…4g
①鍋に八方酢を入れて火にかけ、煮立ったら火からおろして戻した板ゼラチンを加えて溶かす。
②粗熱をとってから冷蔵庫で冷やして固める。

作り方

1 新じゅんさいは、ざるに入れて洗い、熱湯にサッとくぐらせて氷水にとって色を出す。
2 車エビは、背ワタをとり、熱湯で茹でて色を出したら氷水にとって冷ます。頭、殻をはずして身を3等分に切る。
3 きゅうりは、丸くくりぬく。2％の塩水に昆布を入れて、くりぬいたきゅうりを入れてい約1時間漬ける。
4 鍋に67～69℃の湯を沸かし、卵を25分茹でて温度玉子を作り、卵黄だけ取り分ける。
5 八方酢ジュレ＊は、使う前に裏ごしをする。
6 グラスに1～4を盛り、5の八方酢ジュレ＊をかけ、ラディッシュをあしらう。

鱧南蛮漬けと甘酢漬けフルーツトマトの酢の物

▼料理はカラーP30

■**材料／1人前**

ハモ（上身）…100g
フルーツトマト…¼個
甘酢＊…適量
南蛮酢＊…適量
京ねぎ…30g
ミニオクラ…1本
黄味酢（左記参照）＊…少々
黒粒胡椒…少々

＊南蛮酢（作りやすい分量）
だし…500mℓ
米酢…100mℓ
薄口醤油…80mℓ
みりん…100mℓ
塩…少々
砂糖…大さじ½
赤唐辛子（乾燥：小口切り）…1本分

作り方

1 フルーツトマトのヘタをとって熱湯に落とし、氷水にとって皮をむいたら、甘酢＊2～3時間漬けておく。盛り付ける前に食べやすく切る。
2 ハモの上身は骨切りをして3cm幅に切り、葛粉適量（分量外）をまぶし、180℃の揚げ油で素揚げにする。
3 ねぎは3cm長さに切り、焼いておく。
4 南蛮酢＊を温め、2のハモと3のねぎを熱いうちに漬ける。
5 ミニオクラはそうじをして塩みがきをして、熱湯にサッと通して冷水にとり、水気をきる。さらに吸地適量（分量外）に浸しておく。盛り付ける前に縦半分に切る。
6 器に4のハモとフルーツトマトとねぎを盛り、黄味酢をかける。フルーツトマト、ミニオクラを添える。お好みで黒粒胡椒をふる。

①鍋に調味料を合わせて火にかけ、ひと煮立ちしたら火からおろし、赤唐辛子を加える。

＊甘酢（作りやすい分量）
米酢…200㎖
水400㎖
砂糖・塩…各10g
①鍋に調味料を合わせて火にかけ、砂糖と塩が溶けたら火からおろす。

食材のコツ

【フルーツトマト】

フルーツトマトは、しっかりした甘味と酸味があり、南蛮酢と相性がよい。そのまま南蛮酢に漬け込むと水分が出て水っぽくなるので、あらかじめ甘酢で下味をつけてから漬けると味のなじみもよく、料理の味がぼやけない。

黄味酢の作り方

①ボウルに土佐酢100mlに卵黄4個分を合わせてよく混ぜる。

②①のボウルを湯煎にかけながら、泡立て器で絶えず混ぜる。

③少しずつとろみがついて、つやが出てきたら火からおろす。

④すぐに氷水にあてて冷ます。

あこうと賀茂茄子の揚げだし

▼料理はカラーP45

■材料／1人前

アコウ（キジハタ・上身）…120g
葛粉…適量
揚げ油…適量
賀茂茄子…¼個
大根おろし…25g
木の芽…3枚
京ねぎ…20g
○旨だし
　だし…40㎖
　濃口醤油…10㎖
　みりん…10㎖

作り方

1 アコウは、水洗いをして三枚におろす。中骨や腹骨をとって皮付きのままそぎ切りにし、葛粉をまぶす。

2 賀茂茄子は、皮を薄くむいて縦4等分に切り、さらにそれぞれを3つに切り分ける。皮を薄くむいておくと、揚げたときに色がきれいに出る。

3 木の芽を包丁の刃で叩き、大根をすりおろして加え、木の芽おろしを作る。

4 京ねぎは、4㎝長さの白髪ねぎにして、水にさらしておく。

5 1のアコウと2の賀茂茄子は180℃の揚げ油でからりと揚げる。賀茂茄子は高温で長い時間揚げると焦げてしまうので、温度が上がり過ぎないよう調整しながら揚げるとよい。

6 「旨だし」の材料を合わせて火にかけ、沸いてきたら火を止める。

5 器に5を盛り、6の旨だしをかける。3の木の芽おろしを添え、白髪ねぎを天盛りにする。

とうもろこしと枝豆豆腐の冷製椀

▼料理はカラーP46

■材料／1人前

とうもろこしのすり流し＊…180㎖
ズッキーニ（黄色）…少々
才巻きエビ…1尾
枝豆豆腐＊…80g
吸地…適量
柚子…少々

＊とうもろこしのすり流し（作りやすい分量）
とうもろこし…260g
吸地…400㎖
①とうもろこしの皮をむいて3等分の輪切りにし、実を包丁でこそげとる。
②①の実と残った芯を一緒に鍋に入れる。ひたひたに水を入れ、塩少々を加えて水から茹で、ざるにあげて冷ます。
③ミキサーに②のとうもろこしの実と吸地を入れて攪拌し、ざるで漉す。
※とうもろこしは、芯部分からもよいだしが出るので、一緒に茹でるとよい。甘味が増す

＊枝豆豆腐（作りやすい分量）
昆布だし…750㎖
吉野葛…55g
枝豆（むいたもの）…100g
塩…少々
①枝豆を洗って塩みがきをしてから塩茹でにし、冷ましてから薄皮をむく。
②ミキサーに昆布だし、吉野葛、①の枝豆を入れて攪拌し、鍋に移し入れる。
③②を弱火にかけて15～20分練り、塩で味を調えたら流し缶に流して冷やし固める。

作り方

1 ズッキーニは5㎝長さに切って芯を抜き、薄く輪切りにする。これをサッと塩茹でして冷水にとり、吸地に漬ける。

2 才巻エビは、頭と皮をとって腹開きにして、背ワタを取って片栗粉をまぶす。これをラップで挟んですりこ木などで叩いて薄くのばして熱湯にくぐらせ、冷水にとって汁気をふき、吸地に漬けて取り出す。

3 枝豆豆腐は1人前80g分に切り分ける。

2 あらかじめ冷やしておいたガラスの器に3の枝豆豆腐を置いて、2の才巻エビを盛る。冷やしておいた、とうもろこしのすり流し＊を張り、1のズッキーニをあしらう。仕上げにふり柚子で香りを添える。

食材のコツ

［とうもろこし］

とうもろこしの芯部分は、風味や味が凝縮している部分。捨てるのはもったいない。実と一緒に芯も一緒に茹でることで、芯からもよいだしが出て、実にも風味が移すことができる

沼島の鯵と香味野菜の冷汁風

▼料理はカラーP48

■**材料／1人前**

きゅうり…⅔本
青じそ…8枚
みょうが…2本
フルーツトマト…1個
炒り胡麻…大さじ1
冷汁＊…適量

＊冷汁（作りやすい分量）
だし…950㎖
白味噌…60g
田舎味噌（焼いたもの）…40g
アジ（上身）…180g
①アジの上身は、薄塩を当てて天火で焼き上げる。
②田舎味噌はアルミホイルに塗り、220℃のオーブンで6～7分焼いて焼き目をつける。
③すり鉢に①のアジをほぐし入れ、すりこ木ですり、②の田舎味噌、白味噌を加えてよくすり合わせる。
④③に、だしを少しずつ加えながらすり、溶きのばす。

作り方

1 きゅうりは、小口切りにする。青じそは小さく短冊に切る。みょうがは小口切りにして水にさらす。フルーツトマトは皮をむいて5㎜角に切る

2 冷汁＊に1の材料、炒り胡麻を加えて冷蔵庫で1～2時間おいて食材と味噌をなじませると共に冷やす（冷汁＊1人前の分量は、香味野菜と合わせて約180㎖程度を目安にする）。

3 あらかじめ冷やしておいた器に2を盛って供する。

鰻と坊ちゃんかぼちゃの焼き物

▼料理はカラーP50

■**材料／1人前**

ウナギ（琵琶湖産）…¼尾
一杯醤油…適量
（酒1：濃口醤油1の割合で合わせたもの）
坊ちゃんかぼちゃ…⅛個
おろしわさび…少々
加減酢＊…適量

＊加減酢（作りやすい分量）
だし…20㎖
濃口醤油…10㎖
米酢…10㎖
①材料を合わせてサッと火にかけ、沸いたら火を止めて冷ます。

作り方

1 ウナギは開いて下処理をして水洗いし、皮目から天火で白焼きにする。

2 1のウナギを両面焼いたら、焼き上がりに一杯醤油を塗り、食べやすい大きさに切る。

3 坊ちゃんかぼちゃは、8等分に切って、柔らかくなるまで蒸す。

4 3を180℃の油で揚げ、200℃のオーブンで10分焼く。焼き上がりに一杯醤油を塗って約2分焼き、それぞれ半分に切る。

5 器に2の白焼きにしたウナギ、4の坊ちゃんかぼちゃを盛り、おろしわさびを添える。加減酢を添えてすすめる。

食材のコツ

［坊ちゃんかぼちゃ］

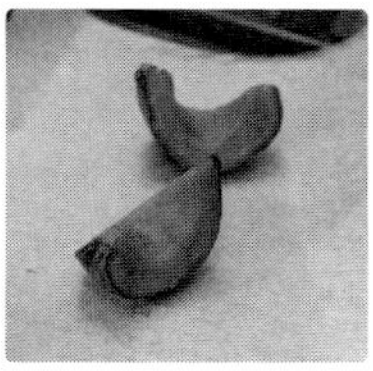

坊ちゃんかぼちゃは、柔らかく蒸した後、揚げてコクをプラス。さらにオーブンで焼くことで、余分な水分がとんで甘味が一層増す。

冬瓜と白焼き鱧の梅香煮

▼料理はカラーP52

■材料／1人前

冬瓜…100g
ハモ(上身)…100g
人参…30g
吸地…適量
おろし生姜…少々
梅香煮あん＊…150㎖

＊梅香煮あん(作りやすい分量)
だし…600㎖
塩…小さじ¼
薄口醤油…少々
酒…大さじ1
みりん…小さじ1
梅干し…1個
水溶きの葛粉…大さじ2
①水溶きの葛粉以外の材料を鍋に合わせて沸かし、水溶きの葛粉でとろみをつける。
※だしの半量を鶏スープにするとコクが増しておいしい。

作り方

1 冬瓜は適当な大きさに切り、皮をスプーンでこそげとり、炭酸塩(重曹1：塩5の割合で合わせたもの)で表面をこすり、10分おいてから皮目に鹿の子に隠し包丁を細かく入れ、面取りをする。

2 熱湯を沸かし、1の冬瓜を入れて、竹串がスッと通るくらいまで茹で、すぐに冷水にとって色止めをして冷ます。

3 ハモの上身には金串を打って白焼きにする。冷ましてから4㎝幅に切り分ける。

4 人参は桂むきにして針打ちにして、さっと茹でてから冷水にとり、水気をきってから吸地に浸けておく。

5 鍋に梅香煮あん＊の材料(水溶きの葛粉を除く)を入れ、2の冬瓜を入れて、弱火で7～8分炊く。

6 5に白焼きのハモを加えてさらに10分ほど含め煮にしたら粗熱をとり、冷やしておく。

7 6の汁を鍋に入れて沸かし、水溶き葛粉を加えてとろみをつけ、冷やしておく。

8 器に6の冬瓜とハモを盛り、7の梅香煮あん＊150㎖をかける。針人参を添え、おろし生姜を天盛りにする。

食材のコツ

[冬瓜]

冬瓜は、まず表面の固い皮部分をこそげとり、薄緑色の皮が現れたら炭酸塩(重曹1：塩5の割合で合わせたもの)で表面をこする。その後、隠し包丁を入れる。これを茹でて色出しをしたら冷水にとって色止めをする。
※冬瓜など青みの野菜の色素を引き出す場合は重曹(炭酸ナトリウム)を使用。茄子など紫色の色素を出す際に使うのがミョウバン。冬瓜にミョウバンを使うと茶色く変色するので気をつける。

賀茂茄子と蒸し穴子の冷やし田楽

▼料理はカラーP54

■材料／1人前

賀茂茄子…½本
煮アナゴ…½本
（P150「煮穴子と海老芋の胡麻豆腐がけ」参照）
玉子味噌＊…適量
有馬山椒…少々
柚子…少々

＊玉子味噌（作りやすい分量）
玉味噌（P123参照）…100g
卵黄…2個分
だし…100mℓ
①鍋に玉味噌を入れて、だし、卵黄を加えてよく混ぜて弱火にかける。
②つやが出てくるまで、焦がさないようにして練り、火からおろして冷ましておく。

作り方

1 賀茂茄子は半分の輪切りにして、皮を薄くむく。果肉を金串で刺して火の通りをよくする。

2 1の賀茂茄子を180℃の油で素揚げにして、熱湯で油抜きをした後、吸地でサッと炊いて味を含め、冷やしておく。

3 2の賀茂茄子に玉子味噌＊適量を塗り、蒸したての煮アナゴをのせる。有馬山椒を添え、ふり柚子で香りを添える。

食材のコツ

［賀茂茄子］

賀茂茄子は皮をできるだけ薄くむくことが、きれいな色を出すコツ。揚げる前には串で穴を開けておくと、火の通りがよくなる。

鮎煎餅 緑酢を添えて

▼料理はカラーP56

■材料／1人前

アユ…1尾
葛粉…適量
緑酢＊…適量
梅肉…少々
葛の葉…1枚

＊緑酢（作りやすい分量）
きゅうり…1本
土佐酢（P146参照）…40mℓ
①きゅうりは細くて種の少なそうなものを選び、おろし金で皮ごとすりおろす。
②汁気をきって、土佐酢を加えて混ぜる。
※時間が経つと、酢の力でせっかくの緑色が飛んでしまうので、使う直前に用意するのが望ましい。

作り方

1 アユは頭を切り落とし、切り口から内臓を出して水洗いする。

2 1のアユを骨ごと2〜3㎜厚さの輪切りにして立て塩につけ、水気をきってざるなどに広げ、2〜3時間風干しにする。

3 風干しにしたアユに葛粉をまぶし、180℃の油でからりと揚げる。

4 葛の葉もサッと素揚げにして、器に敷き、3のアユを盛る。別器に緑酢を入れ、梅肉を落として添える。

食材のコツ

［アユ］

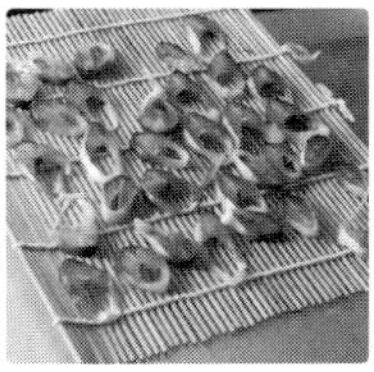

アユは頭を切り落とした後、割りばしなどをエラの横から入れて内臓を抜き取り（つぼ抜き）、骨ごと輪切りにするのがポイント。風干しにしてから揚げることで、骨までカリカリに揚がる。

鱧鍋　玉葱仕立て

▼料理はカラーP58

■材料／1人前

ハモ(上身)…120g
ハモの内臓…½尾分
エリンギ…½本
水菜…少々
絹ごし豆腐…少々
ハモ鍋のだし＊…400㎖
すだち…½個
柚子…少々

＊ハモ鍋のだし(作りやすい分量)
だし…2ℓ
玉ねぎ…2個
ハモの頭・中骨(焼いたもの)…1尾分
塩…小さじ1
薄口醤油…20㎖
酒…50㎖

①ハモの頭と中骨を250℃のオーブンで約10分焼いて、クッキングペーパーに包む。
②鍋にやや厚めにスライスした玉ねぎ、だしを入れ、①を入れて弱火で約20分炊く。塩、薄口醤油、酒を加えて味を調える。

作り方

1　ハモは水洗いして、腹から開いて骨切りをして2㎝幅に切る。(ハモのおろし方は左記参照)内臓はとっておく。

2　器に1のハモ、内臓、エリンギ、水菜、絹ごし豆腐、すだちを盛る。

3　小鍋にハモ鍋のだし＊を入れて沸かし、1のハモを10～15秒くぐらせてから食べる。
※ハモは骨切りをしてあるとはいえ、長い時間だしに入れておくと身がやせてしまい、骨が口に当たることがあるので、食べる直前に入れ、サッと引き上げて食べるようにする。

ハモのおろし方

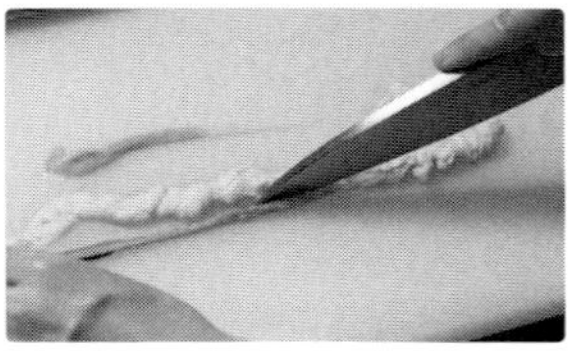

①ハモは腹から開いて内臓を取りはずし、きれい水洗いして浮き袋、子（卵巣）を切り離す。

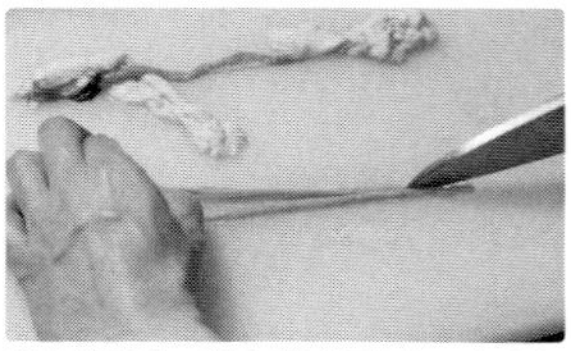

②内臓部分の浮き袋は切り込みを入れて開く。

③浮き袋を包丁の背でこそげるようにして薄皮を取りのぞき、さっと蒸す。子（卵巣）もサッと蒸しておく。

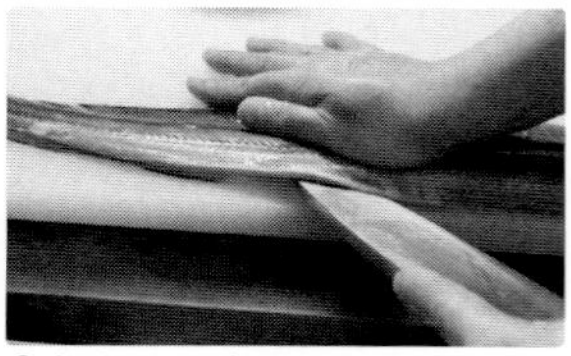

④裏返して、中骨に沿って包丁の刃先を入れ、中骨を身からはがす。

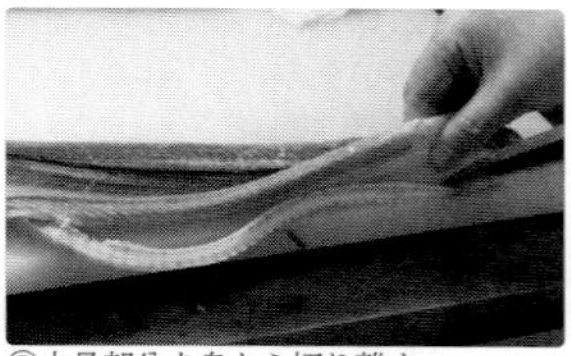

⑤中骨部分を身から切り離す。

⑥腹のヒレ部分（両側）を切り離す。

⑦中骨を身から切り離す。ハモの中骨は三角形をしているので、骨の形に添って包丁を入れる。

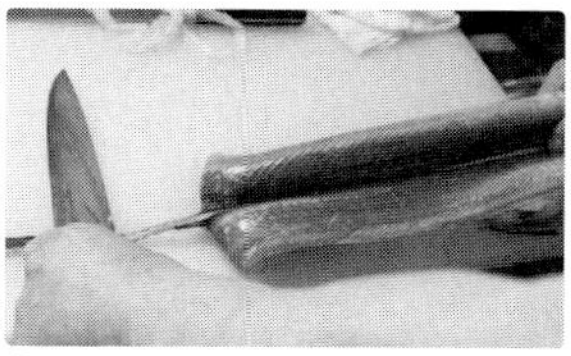
⑧背ビレについている小骨部分に切り込みを入れ、そこを手がかりに包丁で押さえ、背ビレを引きはがす。

⑨ハモ切り包丁を使い、皮一枚を残して端から細かく包丁を入れて骨切りをする。

あこうのとろとろご飯

▼料理はカラーP60

■**材料／1人前**

アコウ（キジハダ・上身）…80g
胡麻醤油（左記参照）＊…20㎖
とろろ＊…120㎖
青じそ・みょうが（各せん切り）…各少々
白髪ねぎ・おろしわさび…各少々
ご飯…茶碗1杯分

＊とろろ（作りやすい分量）
つくね芋…300g
卵黄…2個分
薄口醤油…小さじ½
だし…450㎖
塩…小さじ⅓
①すり鉢でつくね芋をあたり、とろろにする。
②卵黄、薄口醤油、塩、だしで適宜、好みの加減にのばす。

作り方

1 アコウは上身を用意し、そぎ切りにする。
2 1のアコウを胡麻醤油＊で和える。
3 茶碗にご飯を盛り、とろろ＊をかけたら、2のアコウをのせる。青じそ、白髪ねぎ、みょうがをあしらい、おろしわさびを添える。

胡麻醤油の作り方

①すり鉢に白胡麻適量を入れ、しっとりと油が出てくるまでよくする。

②①に練り胡麻、刺身醤油、煮きり酒、煮きりみりんを好みの加減に加え、なめらかになるまでする。

丹波黒豆のおからと丹波地鶏の卯の花

▼料理はカラーP66

■材料

おから（丹波産黒豆のおから）…400g
鶏もも肉（丹波産地鶏）…100g
ごぼう…40g
人参…30g
蓮根…40g
干し椎茸（戻したもの）…40g
こんにゃく…50g
黒豆枝豆…100g
わけぎ…3本
絹ごし豆腐…1丁
おからの調味料＊…適量
太白胡麻油…50㎖

＊おからの調味料（作りやすい分量）
だし…1200㎖
薄口醤油…70㎖
みりん…100㎖
酒…100㎖
砂糖…70g
塩…10g
①材料を合わせる。

作り方

1 黒豆のおからは、フードプロセッサーにかけてなめらかにしておく。

2 鶏肉は細かく切る。ごぼう、人参、蓮根、干し椎茸は、それぞれ細かく切る。こんにゃくも小さく切って下茹でをしておく。

3 黒豆枝豆は、塩みがきをしてから、塩茹でにしてざるにあげて冷まし、さやから出して薄皮をむく。

4 わけぎは、小口切りにして水にさらし、水気をきっておく。

5 鍋を火にかけて太白胡麻油を熱し、2の鶏肉、野菜類の順に加えて炒めたら、1のおからを加えて炒め合わせる。全体に油がなじんだら、おからの調味料＊をひたひた程度に加え、中火で炊く。

6 汁気が少なくなってきたら弱火にして、おからがしっとりする程度に仕上げ、火からおろす。最後に3の黒豆枝豆を加えて混ぜ、さらした4のわけぎを混ぜる。

7 絹ごし豆腐をフードプロセッサーにかけてなめらかなクリーム状にする。

8 器に6を盛り、7の豆腐クリームをかける。

食材のコツ

［黒豆枝豆］

黒豆枝豆は塩茹でした後、さやから出して、和える前に薄皮をむいておく。こうすることで口当たりをよくすると共に色合いのアクセントにもなる。

横輪のつくね芋山かけ

▼料理はカラーP68

■材料／1人前

ヨコワ（上身）…120g
塩…適量
つくね芋…30g
長芋…30g
卵…1個
焼き海苔…全形1/8枚
わさび…少々
胡麻醤油…大さじ2/3
より紅芯大根…少々
花穂じそ…2本
すだち…適量

＊胡麻醤油
刺身醤油…200㎖
煮きり酒…100㎖
煮きりみりん…50㎖
炒り胡麻…45g
①材料を合わせる。

作り方

1 ヨコワは水洗いをして、三枚におろして上身にする。上身に金串を末広に打って薄塩をあて、皮目から下火に当てて両面を焼く。

2 つくね芋は皮をむいて、ミョウバン水適量に30分漬けてから水気をふき、すり鉢でする（またはおろし金ですりおろす）。

3 長芋は皮をむいて、同様にミョウバン水に漬け、水気をふく。これを包丁の刃で粘りが出るまで細かく叩く。

4 2のつくね芋と3の長芋を合わせておく。

5 卵は69℃で25分茹でて温度玉子を作って冷水にとり、卵黄を別にとる。

6 焼き海苔は細かくちぎり、鍋で空炒りしてツヤと香りを出す。

7 1のヨコワを食べやすい幅に切り、器に盛る。4をかけ、5の温度玉子の卵黄をのせる。おろしわさび、6のもみ海苔をのせ、より紅芯大根、花穂じそ、すだちを添える。別器で胡麻醤油＊を添えて供し、好みの量をかける。

食材のコツ

【ヨコワ】

ヨコワをあぶるときは、皮目から焼き、続いて身側を焼く。そのとき、皮を8、皮を2の割合を目安に、皮側をしっかりめに焼く。

ソフトサーモンと香味野菜のサラダ

▼料理はカラーP70

■材料／1人前

ソフトサーモン(スモークサーモン)…50g
レッドオニオン…¼個
きゅうり…¼本
人参…20g
アボカド…¼個
リコッタチーズ…30g
イクラ…小さじ1
ケイパー・ディル…各少々
土佐酢ジュレ＊…20㎖
レモン…¼個

＊土佐酢ジュレ(作りやすい分量)
土佐酢＊…200㎖
板ゼラチン…5g
①土佐酢を火にかけ、沸いてきたら火からおろして板ゼラチンを加えて溶かす。
②粗熱がとれたら冷蔵庫で冷やし固める。

＊土佐酢(作りやすい分量)
米酢…300㎖
白だし…300㎖
薄口醤油…100㎖
みりん…100㎖
追いガツオ…20g
①鍋にすべての調味料を合わせて火にかける。
②ひと煮立ちしたら、追いガツオをして冷ましてから漉す。

作り方

1 レッドオニオンはスライスする。きゅうりと人参は、それぞれ針打ちにして水にさらす。

2 アボカドは皮をむいて縦4等分にして切り口から薄切りにする。

3 ソフトサーモン(スモークサーモン)は皮を引いて、そぎ切りにして水気をきり、1の野菜をのせて包み、巻き込む。

4 皿に3を盛り、2のアボカド、リコッタチーズを添える。

5 土佐酢ジュレ＊をかけ、イクラ、ケイパー、ディルをあしらう。レモンの皮のすりおろしをふる。

食材のコツ

【土佐酢ジュレ】

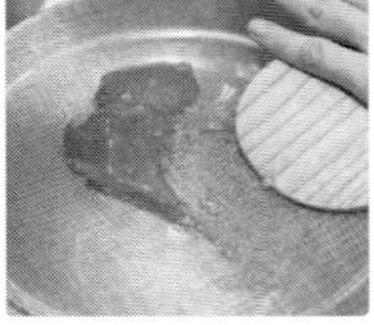

土佐酢は和え物や小鉢料理では多用される合わせ酢。ここでは土佐酢をゼラチンでぷるぷるのゼリー状に固め、合わせ酢代わりに使う。固めたままだと口当たりがよくないので、使う前には土佐ジュレを裏ごしにかけておくとよい。

魳と松茸のポン酢和え

▼料理はカラーP72

■**材料／1人前**

カマス…¼尾
昆布…15㎝角1枚
松茸…小½本
酒（酒炒り用）…少々
春菊…⅛束
黄菊…1輪
吸地…適量
ポン酢だし＊…適量
イクラ…少々
すだちの絞り汁…½個分

＊ポン酢だし（作りやすい分量）
酒…大さじ2
だし…大さじ½
濃口醤油…小さじ1
みりん…小さじ½
塩…ひとつまみ
すだちの絞り汁…½個分
①酒、だし、醤油、みりん、塩を合わせて火にかけ、煮立ってきたら火を止めて粗熱をとり、すだち汁を加える。

食材のコツ

［黄菊］

黄菊は酢を加えた熱湯でサッと茹でると、色出し効果に加えてアクや苦味をやわらげることができる。茹でたらすぐに氷水にとって冷まし、熱で色が飛ばないようにする。

［松茸］

松茸を酒炒りしたときの汁にも松茸の風味が移っているので、別にとっておき、具材を和えるときに、この汁を使うと風味がよくなり、味がなじみやすくなる。

作り方

1 カマスは水洗いをして三枚におろし、腹骨、中骨を取ってから薄塩をふって20分ほどおく。

2 1のカマスはサッと水洗いをして水分をふき、昆布に挟んで1時間程度おいて昆布〆にする。

3 松茸はそうじをして短冊に切る。鍋に酒を入れて火にかけてアルコール分を飛ばしたら、短冊に切った松茸を入れ、サッと酒炒りにする。このときの煮汁はボウルにとっておく。

4 春菊はそうじをして塩茹でして冷水にとり、水気をきってから4㎝長さに切り揃えて吸地に漬ける。

5 黄菊は花びらをはずし、酢少々（分量外）を加えた熱湯でさっと茹でてざるにあげ、冷水にとって冷まし、水分をきって吸地に漬ける。

6 2のカマスを天火で香ばしく焼き、片身を4等分に切り分け、すだちの絞り汁をかける。

7 3のボウルに、3で酒炒りした松茸と5の黄菊の汁気をきって入れ、合わせる。

8 7にポン酢だし＊を加えて混ぜる。

9 器に6のカマスと8を交互に盛り、イクラを天盛りにする。

紅葉鯛酒盗和え

▼料理はカラーP73

■材料／2人前

タイ（上身）…100g
酒盗…60g
煮きり酒…適量
卵黄…1個分

作り方

1 タイは、おろし身を用意し、皮を引いて薄切りにする。

2 酒盗は包丁で細かく叩いて、布巾を敷いたざるに入れ、水を張ったボウル30分漬けて塩気を抜いてから水気をきる。

3 2の塩気を確認して、よければ煮きり酒でサッと洗って水気をきる。

4 卵黄と3を合わせて、1のタイを入れて和え、2～3時間おいて味をなじませたら、器に盛る。

食材のコツ

［酒盗］

酒盗は魚の内臓を塩漬け発酵させたもので塩分が高い。そのまま使うと塩気を強すぎて、組み合わせる素材の味を生かすことが難しい。そこで適度に塩気を抜いてから使うとよい。ここではカツオの酒盗を使用。

甘鯛と秋茄子の椀物

▼料理はカラーP74

■材料／1人前

甘ダイ（上身）…80g
昆布…適量
茄子…½本
長芋…30g
吸地（下味用）…適量
くちなしの実…少々
吸地…120㎖
松葉柚子…少々

作り方

1 甘ダイはウロコを引いて水洗いし、三枚におろして腹骨と中骨を除き、上身にする。薄塩を当てて1時間おいてからサッと水洗いをして水気をふく。

2 1の甘ダイを昆布に挟んで2時間ほどおいて昆布〆にする。

3 茄子は強火の直火で焼いて熱いうちに皮をむいて吸地適量（分量外）に漬ける。

4 長芋は皮をむいて、5㎜厚さの輪切りにした後、ミョウバン水に30分漬けたら水にさらす。

5 鍋に4の長芋、吸地とくちなしの実を入れて火にかけ、火が通ったら水にさらし、吸地で5～6分炊く。

6 2の甘ダイを観音開きにする。3の茄子を縦半分に切って甘ダイにのせ、両側から巻き込む。

7 蒸気の上がった蒸し器に6を入れ、約5分蒸して椀に盛り、温めた5の長芋をのせて吸地を張り、松葉柚子をあしらう。

食材のコツ

［甘ダイ］

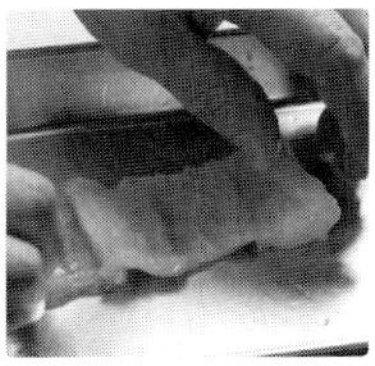

甘ダイの身はやや水分が多いため、昆布〆などにして余分な水分を抜くと、ほどよく身もしまり、甘味や旨味が増す。

［茄子］

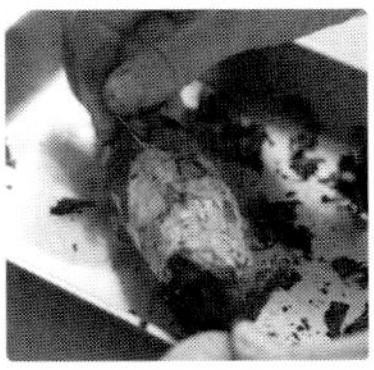

茄子は、熱いうちに皮をむくのがポイント。熱いので冷水をボウルなどに入れた手水を用意して指先を冷やしながら作業を行うとよい。

秋鱧とあぶり松茸の椀物

▼料理はカラーP75

■材料／1人前

ハモ…80g
丹波松茸…½本
紅葉人参・銀杏大根※…各30g
塩・酒…各少々
うぐいす菜…2本
くしなしの実…1個
吸地…150mℓ
松葉柚子…1個

＊吸地（作りやすい分量）
だし…1ℓ
酒…大さじ1
塩…小さじ⅔
薄口醤油…小さじ½
①だしを火にかけ、酒、塩、薄口醤油で飲んでちょうどよい加減に味を調える。

作り方

1 ハモは水洗いをして腹から開き、背ビレ、腹骨、中骨を取り、身から骨切り包丁を入れて8㎝幅で切り落とす。これに薄塩をあて、葛粉をまぶす。

2 ハモの頭と中骨を焼いて、昆布と一緒に鍋に入れて煮出して漉す。

3 2のだしを火にかけ、1のハモの上身をさっと湯引きして冷水にとり、水気をきって吸地適量（分量外）につける。

4 うぐいす菜はサッと塩茹でして冷水にとる。

5 松茸は食べやすい大きさに切って酒をふり、天火であぶって香りを出す。紅葉人参、いちょう大根、うぐいす菜を天盛りにして、熱々の吸地を張り、松葉柚子をあしらう。

※紅葉人参は、金時人参を紅葉型で抜き、塩茹でして冷水にとり、吸地に浸けたもの。銀杏大根は大根をいちょう型で抜いて、鍋に水とくしなしの実を割り入れて茹でて色をつける。冷水にとって冷まし、水気をふいて吸地に浸けておく。

食材のコツ

［ハモのアラ］

ハモは捨てるところがないというほど、あらゆる部分を活用できる。ハモをおろした後に残った、頭や中骨、腹骨などのアラは、昆布とともに煮出すと、クセがなく上品でうまいだしがとれる。

煮穴子と海老芋の胡麻豆腐がけ

▼料理はカラーP76

■材料／1人前

煮アナゴ＊…50g
海老芋の含め煮＊…1個
胡麻豆腐（下記参照）…適量
○共地あん
—煮アナゴの煮汁＊…80㎖
　だし…50㎖
—水溶き葛粉…大さじ½
わさび…少々

＊煮アナゴ（作りやすい分量）
アナゴ…2尾
煮アナゴの煮汁＊…適量
①アナゴは開いて、背ビレを切り取る。皮目を上にして抜き板の上において熱湯をかけてから冷水にとり、ヌメリをきれいにこそげとる。
②鍋にアナゴの皮目を下にして並べ置き、煮アナゴの煮汁＊適量を加えて火にかける。
③煮立ってきたら、弱火にして30分程度炊き、火からおろしてそのまま冷ましてからバットに移し、バットを重ねておいて軽く重石をかけておく。

＊煮アナゴの煮汁（作りやすい分量）
だし…300㎖
酒…300㎖
濃口醤油…90㎖
みりん…100㎖
砂糖…45g
①材料を合わせる。

＊海老芋の含め煮（作りやすい分量）
海老芋…¼個
だし…1ℓ
酒…50㎖
薄口醤油・みりん…各大さじ1
塩…小さじ1
①海老芋は水洗いをして皮をむき、縦半分に切って面取りをして米のとぎ汁で串が通るぐらいに茹で、冷水にとって冷まし水分を切る。
②鍋に①の海老芋を並べ、だし、残りの調味料を加えて火にかける。煮立ってきたら弱火にして約45分含め煮にし、そのまま冷ます。

作り方

1 海老芋の含め煮＊は食べやすい大きさに切って器にのせ、煮アナゴ＊をのせ、練りあげた胡麻豆腐をかけて冷ます。

2 供する直前に、蒸気のあがった蒸し器に1を入れ、6〜7分強火で蒸し上げる。

3 「共地あん」をつくる。煮アナゴの煮汁とだしを火にかけ、煮立ってきたら水溶きの葛粉でとろみをつけ、熱々のところを2にまわしかけ、おろしわさびを添える。

胡麻豆腐の作り方

炒りたてのむき白胡麻1カップを油が出るまですり、昆布だし3カップでのばして布漉しをして、吉野葛1カップと一緒に鍋に入れて溶かす。ここに牛乳3カップ、酒½カップを加えて、約30分焦がさないように丁寧に練り、最後に塩少々で味を調える（作りやすい分量）。

鮑ときのこの和風グラタン

▼料理はカラーP78

■**材料／1人前**

アワビの蒸し煮*…50g(1/4個)
しめじ…1/5パック
舞茸…1枚
椎茸…1/5枚
玉ねぎ(みじん切り)…1/8個分
バター(食塩不使用)…15g
ホワイトソース*…80g
トマトソース…適量
パルメザンチーズ…15g

*アワビの蒸し煮(作りやすい分量)
アワビ…1個
水…600mℓ
酒…600mℓ
大根(輪切り)…2個
昆布…20g

①アワビは塩みがきをして、殻からはずす
②鍋に昆布を敷いて、酒、水、大根を入れ、1のアワビを入れて弱火にかけて約2時間煮る。
③2をボウルに煮汁ごと移し入れて、ラップをかけて蒸し器で約3時間蒸し煮にしたら、取り出してそのまま冷ましておく。

*ホワイトソース(作りやすい分量)
薄力粉…50g
バター(食塩不使用)…50g
牛乳…650mℓ
白味噌…20g
クリームチーズ…50g
塩・白胡椒…各少々

①鍋にバターを入れて弱火にかけ、バターが溶けたら薄力粉を加えて、4〜5分炒める。
②香ばしい香りがしてきたら、温めた牛乳を少しずつ加えてのばし、クリームチーズ、白味噌を加えたら、とろみがつくまで15分くらい煮る。最後に塩、白胡椒で味を調える。

作り方

1 しめじ、舞茸は小房にほぐし、椎茸は厚めにスライスする。
2 アワビの蒸し煮*は1cm角に切る。
3 フライパンにバターを入れて熱し、玉ねぎを炒めたら、1のきのこ、2のアワビを加えてサッと炒め合わせておく。
4 3にホワイトソース*を加えて混ぜ、アワビの殻にのせ、トマトソースを添えて200℃のオーブンで約15分、こんがりするまで焼く。最後にパルメザンチーズをすりおろしてかける。

食材のコツ

[パルメザンチーズ]

パルメザンチーズは、濃厚な旨味を持つハードタイプのナチュラルチーズ。一般的には粉チーズとして使われるが、ここではブロックのチーズを用意し、提供直前にすりおろすことで、香りや食感を高める。濃厚な旨味は味噌など和風の食材とも合う。

牛フィレ肉と松茸の朴葉包み焼き

▼料理はカラーP80

■材料

牛フィレ肉(但馬牛)…200g
網焼きのたれ*…適量
粉山椒…少々
松茸…1本
玉ねぎ(輪切り)…¼個分
朴葉…1枚
酒・塩…各少々
熊笹…1枚
竹皮…少々

*網焼きのたれ(作りやすい分量)
たまり醤油…200㎖
濃口醤油…200㎖
酒…200㎖
みりん…200㎖
氷砂糖…220g
おろし玉ねぎ…¼個分
おろし生姜…少々
おろしにんにく…1かけ分
おろしりんご…¼個分
①鍋に調味料を全て合わせて弱火にかける。
②1割程度煮詰めたら、火を止めて冷まし、野菜と果物のすりおろしを加えて混ぜる。

作り方

1 牛フィレ肉は1.5㎝厚さに切り、網焼きのたれ*に漬ける。

2 1の牛肉を天火で焼く。たれをつけては焼くことを4~5回繰り返して焼き、少しレアな状態に焼き上げて粉山椒をふり、ひと口大に切る。

3 松茸は縦半分に切り、酒、塩をふってアルミホイルに包んでオーブンで焼く。

4 朴葉、熊笹を敷き、玉ねぎ、2の牛フィレ肉、3の松茸の順にのせて、葉で包み、竹皮で結ぶ。

5 4を220℃のオーブンで7分程度焼き、朴葉と熊笹の香りをつける。

食材のコツ

[朴葉・熊笹]

朴葉は霜が降り始める晩秋に落葉した朴の葉を塩水に浸し、陰干しして保存。朴の葉は比較的火に強く、味噌や食べ物を包んで焼いて香りをつけるのに使われてきた。熊笹も爽やかな香りがあり、抗菌作用があることで知られている。

由良の伊佐木と石垣小芋

▼料理はカラーP81

■**材料／1人前**

イサキ…½尾
幽庵地＊…適量
石垣小芋＊…適量
塩…少々

＊幽庵地（作りやすい分量）
濃口醤油…100㎖
みりん…100㎖
酒…100㎖
だし…100㎖
柚子（輪切り）…1個分
①鍋に幽庵地の調味料類を合わせて入れ、火にかける。
②ひと煮立したら火をとめて冷まし、柚子の輪切りを入れる。

＊石垣小芋（作りやすい分量）
木綿豆腐…1丁
小芋（皮をむいたもの）…400g
山芋のすりおろし…50g
生ウニ…90g
片栗粉…小さじ2
卵白…1個分
塩…ひとつまみ
①木綿豆腐はさらしで包み、重石をのせて水分をきる（重量が約2割程度減るくらい）。
②水きりをした木綿豆腐をフードプロセッサーに入れ、生ウニ、山芋のすりおろし、片栗粉、卵白、塩を加えて攪拌し、なめらかなペースト状にしたらボウルに移す。
③小芋は皮をむいてミョウバン水（分量外）に30分程度つけてから水にさらす。
④③の小芋を取り出して鍋に入れ、水を入れて火にかけ、柔らかくなるまで弱火で10分程度炊く。
⑤小麦粉を茶こしに入れ、④の小芋にふるってまぶし、②のペーストに加えて混ぜる。
⑥流し缶に⑤の生地を入れて平らにならしたら、台にトントンと落として空気を抜く。
⑦⑥を蒸気の上がった蒸し器で約15分蒸す。

作り方

1 イサキは水洗いをして三枚におろし、中骨と腹骨を取りのぞく。
2 1のイサキを幽庵地＊につける。
3 2のイサキを取り出して汁気をきり、皮目に細かく切り込みを入れ、尾の方から巻き込み、200℃のオーブンで約15分焼く。
4 石垣小芋＊を食べやすい大きさにカットし、素揚げする。
5 器に3のイサキと4の石垣小芋を盛り、塩をほんの少しふる。

食材のコツ

【小芋】

石垣豆腐に用いる小芋は、水から入れて柔らかく煮た後、小麦粉をまぶしてから、豆腐やウニを加えた生地と混ぜるのがコツ。粉が接着剤の役割を果たして、生地となじみがよくなる。切り分けるときも小芋が生地からはがれにくくなる。

鰤と秋の原木椎茸杉板焼き

▼料理はカラーP82

■材料／1人前

カマス…1/4尾
生椎茸（原木）…1/6枚
塩・酒…各少々
柚子（輪切り）…1枚
銀杏…2個
むかご…2個
幽庵地＊…適量

＊幽庵地（作りやすい分量）
だし…100㎖
酒…100㎖
濃口醤油…100㎖
みりん…100㎖
柚子（輪切り）…3枚
①調味料を合わせ、最後に柚子の輪切りを加える。

作り方

1 カマスは三枚おろしにして、腹骨、中骨をとり、皮目に隠し包丁を入れ、幽庵地＊に漬ける。

2 1の汁気をきって、天火で八分焼きにする。

3 椎茸を大きめに切り、酒・塩をふり、天火でサッと焼いておく。

4 柚子は4㎜厚さの輪切りにして、杉板の上に敷き、2、3を重ねて置いて杉板で包み、竹皮で結ぶ。

5 4を200℃に予熱したオーブンで約5分焼き、バーナーで杉板の端を焼いて燻す。

6 銀杏は鬼皮をむいて素揚げして薄塩をふり、松葉に刺す。むかごも素揚げにし、薄塩をふって松葉に刺す。

7 器に5の杉板焼きを盛り、6の銀杏とむかごをあしらう。

泉佐野産渡り蟹と三田南瓜のコロッケ

▼料理はカラーP84

■材料／1人前

ワタリガニ（上身）…50g
かぼちゃの生地＊…50g
クリームチーズ…15g
ししとう…1本
ぶぶあられ…少々
練り辛子…少々
卵白…少々
八方あん＊…100㎖

＊かぼちゃの生地（作りやすい分量）
かぼちゃ…200g
濃口醤油…小さじ1/4
塩…少々
マヨネーズ…小さじ1
砂糖…小さじ1
①かぼちゃは適当な大きさに切って皮をむき、強火の蒸し器に入れて約12分蒸したら取り出す。
②蒸したかぼちゃを熱いうちにフードプロセッサーに入れて撹拌

作り方

1 ワタリガニは、水洗いして殻をはずして塩少々をふち、強火の蒸し器で約20分蒸したら。冷ましておく。

2 ワタリガニの身をほぐし、室温において柔らかくしたクリームチーズと混ぜ合わせる。

3 手のひらにガーゼを広げてかぼちゃの生地＊をのせ、丸く広げて、2をのせて茶巾に絞り、軽く押さえてならす。小麦粉、卵白をつけ、細かく叩いたぶぶあられをつけ、175℃の油で2〜3分揚げる。ししとうも素揚げにして、3等分に切る。

4 器に3のコロッケを盛り、ししとうをのせ、温めた八方あん＊をかけ、練り辛子を添える。

し、薄口醤油、塩、マヨネーズ、砂糖を加えて混ぜる。

＊八方あん（作りやすい分量）
だし…120㎖
薄口醤油…10㎖
水溶き葛粉…小さじ2
①だし、薄口醤油を火にかけ、煮立ってきたら水溶き葛粉を加えてとろみをつける。

食材のコツ

［かぼちゃ］

かぼちゃは、茹でると旨味や味が茹で汁に流出しやすいが、蒸すとかぼちゃの持つ甘味が引き出され、栄養分の流出も防ぐことができる。

紅葉鯛と小かぶらの潮仕立て鍋

▼料理はカラーP86

■材料／4人前

タイ（明石産）…½尾（750g）
小かぶ…2個
○潮だし
昆布…40g
頭・カマ…½尾分
中骨…1尾分
水…600㎖
だし…600㎖
酒…50㎖
塩…小さじ½
薄口醤油…小さじ¼
ワカメ（生）…40g
木の芽…適量

作り方

1 タイは水洗いをして三枚におろす（身はここでは使用しない）。頭は梨割りにし、さらに半分に切る。カマ部分も大きく取り、半分に切る。

2 1の頭・カマと中骨に強めに塩（分量外）を当て、強火の遠火の天火で焼き目をつける。

3 小かぶは皮を厚めにむいて食べやすい大きさに切って面取りをする。これを米のとぎ汁で固めにゆがいて水にさらし、水気をきる。

4 「潮だし」をとる。鍋に昆布を敷き、2の中骨と頭、カマ、水、だし、酒を入れて火にかける。

5 煮立ってきたら昆布を取り出し。弱火で10分炊く。塩、薄口醤油で味を調える。中骨だけ取り出し、ワカメを加えて木の芽を散らす。

丹波松茸と丹波地鶏の炊き込みご飯茶漬け

▼料理はカラーP88

■材料／4〜5人前

米…3カップ
松茸…100g
鶏肉（丹波地鶏）…150g
酒・塩（鶏肉下味）…各少々
枝豆…30g
わけぎ…少々
もみじおろし…少々
吸地…適量
○合わせだし
だし…550㎖
薄口醤油…40㎖
酒…50㎖
みりん…20㎖

作り方

1 米は洗って2〜3時間ざるにあげておく。
2 松茸はそうじをして、短冊に切る。
3 鶏肉は、細かく切って、酒、塩少々をふって10分ほどおいてから、さっと熱湯に通して霜降りにする。
4 炊飯釜に1の米、3の鶏肉を入れ、分量の合わせだし*を加えて普通に炊き、炊き上がりに2の松茸を入れて蒸らす。
5 枝豆は塩茹でにして薄皮をむいておく。わけぎは小口切りにして水にさらす。
6 器に炊き込みご飯をよそい（1人前約150g）、枝豆をちらし、さらしねぎ、もみじおろしを添え、温めた吸地をかける。

食材のコツ

［松茸］

丹波の松茸は、特に香りがよいことや、歯ざわりがよいことから、国内産松茸の中でも最高級といわれている。こうした素材の良さを存分に生かすため、松茸はご飯が炊きあがった後、蒸らす際に加えることで、その香りや食感を存分に味わえるようにする。

伊勢海老の茶碗蒸し うすい豆のクリームソースがけ

▼料理はカラーP94

■材料／1人前

伊勢エビ(上身)…½尾分(約150g)
塩・胡椒…各少々
マッシュルーム(薄切り)…2個分
バター(食塩不使用)…20g
卵液＊…120㎖
○うすい豆のクリームソース
うすい豆…70g
伊勢エビのソース＊…100㎖
生クリーム…30㎖
牛乳…20㎖
塩・胡椒…各少々
水溶き葛粉…少々

＊伊勢エビのソース(作りやすい分量)
伊勢エビの頭や殻…3尾分
玉ねぎ…½個
人参…¼本
トマト…½個
セロリ…¼本
ブランデー…大さじ1
水…1200㎖
酒…100㎖
タイのアラのだし＊…700㎖
①材料を鍋に合わせて火にかけ、煮立ってきたら火を弱め、9割程度煮詰める。

＊タイのアラのだし(作りやすい分量)
タイの頭、中骨など…1尾分
粗塩…大さじ1
昆布(15㎝角)…1枚
水…1600㎖
酒…200㎖
①タイのカマや頭、中骨などのアラは粗塩をふって30分程度おいてから、さっと湯に通して霜降りし、そうじをする。
②鍋に①のアラ、昆布、水、酒を入れて火にかけ、煮立ってきたらアクをとり、濁らないよう気をつけながら弱火で2割程度煮詰める。

＊卵液(作りやすい分量)
だし…400㎖
卵…2個
薄口醤油…少々
塩…少々
①卵を溶いて、だし、薄口醤油を混ぜて漉し、塩で味を調える。

作り方

1 伊勢エビは頭や殻を取りはずした上身を用意し、4等分に切り、塩・胡椒をふる。

2 フライパンを熱してバターを溶かし、マッシュルームと1の伊勢エビを入れて軽く炒める。

3 器に2を入れて、茶碗蒸し用卵液＊を流し入れ、蒸気の上がった蒸し器で7～8分蒸す。

4 「うすい豆のクリームソース」を作る。うすい豆は茹でてから薄皮をむいてミキサーにかけてペースト状にする。

5 鍋に4のペースト、伊勢エビのソース＊、生クリーム、牛乳を合わせて火にかけ、塩・胡椒で味を調える。仕上げに水溶き葛粉少々でとろみをつけて3に流し入れる。

松葉蟹と下仁田葱の柚子味噌がけ

▼料理はカラーP96

■材料／1人前

松葉ガニ(足肉)…2本
下仁田ねぎ…½本
太白胡麻油…少々
柚子味噌＊…大さじ1
花穂じそ…2本

＊柚子味噌(作りやすい分量)
白味噌…200g
卵黄…1個分
酒…50㎖
みりん…30㎖
砂糖…大さじ1
煮きり酒…適量
柚子皮(せん切り)…1個分
柚子の絞り汁…大さじ1

①鍋に白味噌、卵黄、酒、みりん、砂糖を入れて弱火にかける。
②15～20分練り、つやが出てきたら火からおろして冷ます。
③煮きり酒適量(分量外)でのばして柚子皮を入れ、柚子の絞り汁を加える。

作り方

1 浜茹での松葉ガニの足肉を用意し、身をくずさないよう取りはずす。

2 下仁田ねぎは、太白胡麻油を塗り、300℃のオーブンで約18分焼く。焦げた薄皮をむいてから縦半分に切り、さらに1のカニ肉と同じ幅に切り揃える。

3 1、2を大原木に盛り、柚子味噌をかけて、花穂じそをあしらう。

食材のコツ

[下仁田ねぎ]

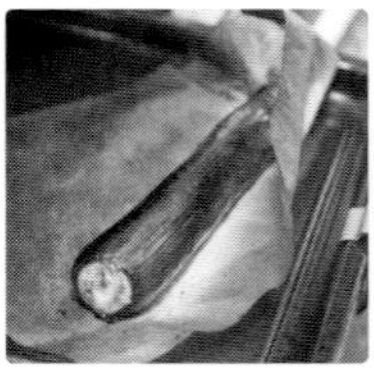

生のままでは、辛味の強い下仁田ねぎは、加熱することで辛味が甘味成分に変化するため、甘味が強くなる。またとろけるような食感も魅力。表面は焦げるほどに焼き、薄皮をはずして用いる。

寒平目　鮟鱇肝巻き

▼料理はカラーP97

■材料／●人前

寒ビラメ(上身)…120g
アン肝…80g
青じそ…2枚
ポン酢ジュレ＊…適量
花穂じそ…2本
すだち…½個
紅葉おろし少々

＊ポン酢ジュレ(作りやすい分量)
ポン酢…180㎖
板ゼラチン…4g

①ポン酢を火にかけ、沸いてきたら火を止めて、戻した板ゼラチンを加えて溶かす。
②粗熱がとれたら冷蔵庫で冷やし、裏ごしをしてから使う。

作り方

1 ヒラメは水洗いをして五枚おろしにしたものを用意し、上身をそぎ切りにする。

2 昆布を敷いて1を並べ、もう一枚の昆布を挟んで約1時間おいて昆布〆にする。(ヒラメを昆布〆にする時間は、ヒラメの身の厚みによって加減する。)

3 アンコウの肝は、そうじをしてから強めの立て塩に漬けて血抜きをしてラップに並べ置いてから、巻きすでしめて輪ゴムで止め、強火の蒸し器で約20分蒸す。粗熱をとってから冷蔵庫で冷やす。

4 3のアン肝を4等分し、4㎝長さの拍子木に切る。

5 昆布〆したヒラメで3のアン肝を巻く。この時、アン肝の半量(2本)は青じそでアン肝を巻いてから、ヒラメで巻く。

6 器に5を並べ、もみじおろしを添える。ポン酢ジュレ＊をかけ、すだち、花穂じそを添える。

生子このわた和え

▼料理はカラーP98

■材料／作りやすい分量

ナマコ…1個
吸地＊…適量
コノワタ…80g

＊吸地(作りやすい分量)
だし…1000㎖
塩…小さじ⅓
薄口醤油…小さじ½
酒…大さじ1
①材料を合わせて火にかけ、沸いてきたら火を止める。

作り方

1 ナマコは両端を切り落とし、そうじをして4㎜厚さの輪切りにする。
2 ボウルに1のナマコを入れ、沸かした吸地＊をひたひたに注ぎ、ラップをかけそのまま冷ます。
3 コノワタは包丁で叩いて、酒少々を加えて水気をきる。
4 2のナマコを取り出して水気をきり、3のコノワタと和える。
5 4を器(珍味入れ)に盛る(※1人前60g使用)。

食材のコツ

[ナマコ]

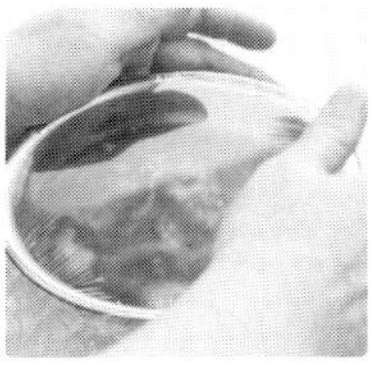

ナマコは水洗いした後に、臭みを抜いて食感をよくする目的で、65～70℃程度の番茶でふり洗いをする〝茶ぶり〟という下ごしらえをすることもあるが、ここでは茶ぶりは行わない。あえてナマコの持つ味わいや食感を生かすため、吸地に浸してラップをかけ、冷めるまでおくという方法をとる。

ナマコのそうじの仕方

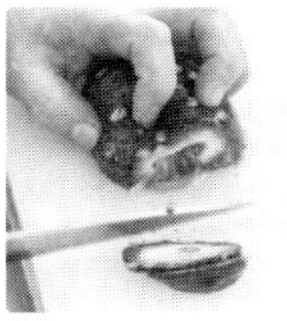

ナマコは両端を切り落とす。

包丁の刃先で内臓を引き出す。黄色っぽい方が生殖巣(コノコ)で、細長くて泥が入っているのが腸管(コノワタ)。

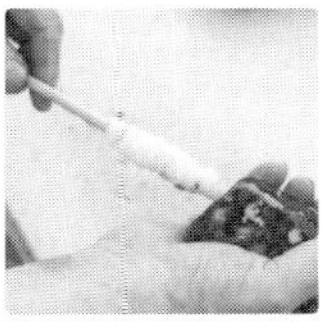

割り箸にガーゼを巻き付け、切り口の穴へ差し込む。

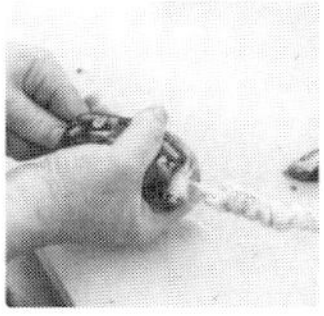

箸を回しながら、向こう側に押すと、箸に内臓が巻きついてとれる。きれいに水洗いをする。

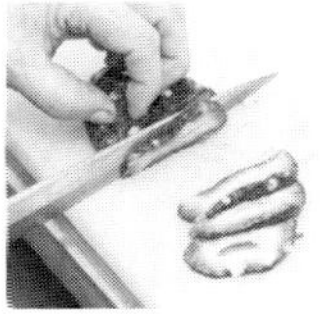

そうじの終わったナマコは小口から輪切りにスライスする。大きい場合は腹から切り開いてから、小さい場合はそのまま輪切りにする。
※内臓をきれいにして塩漬けにしたものが、コノワタやコノコとして珍重される。

海鮮このわた石焼き

▼料理はカラーP99

■材料／作りやすい分量

コノワタ…適量
モンゴウイカ…適量
車エビ…適量

作り方

1 モンゴウイカは鹿の子に包丁で切り込みを入れる。エビは殻と頭をとり、背を切り開いておく。

2 1のイカ、エビ、コノワタを器に盛る。

3 卓上で石板を熱して、2を好みの加減に焼いていただく。

※コノワタは、ナマコから取り出した内臓を、よく水洗いしてから、20～30％の食塩を加えて熟成させたもの。特有の香りがあり、酒肴として珍重される。

食材のコツ

［モンゴウイカ］

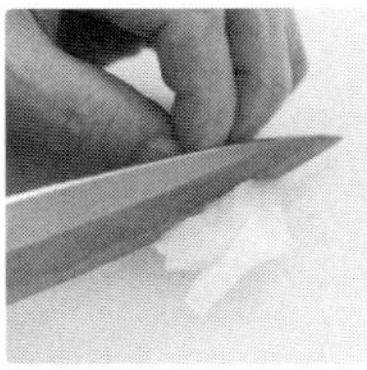

イカは身がそらないよう切り込みを入れるが、年配の方には蛇腹包丁を入れるなど、かみ切りやすい配慮をすると喜ばれる。

鱈白子と蓮根饅頭椀 白味噌チーズ仕立て

▼料理はカラーP100

■材料／1人前

タラ白子(血抜きしたもの)…80g
蓮根饅頭＊…80g
菜の花…20g
吸地…適量
金時人参・大根…各少々
白味噌チーズ地＊…160㎖
溶き辛子…少々

＊蓮根饅頭(作りやすい分量)
蓮根(すりおろし)…300g
玉子の素※…大さじ1
吉野葛…大さじ1
薄口醤油…少々

①蓮根は皮をむいてミョウバン水に30分程度さらした後、水につけてから水気をふく。
②蓮根をすりおろし、軽く汁気をきり、玉子の素、吉野葛を加えて、塩、薄口醤油で下味をつける。
③ボウルに②を入れて強火の蒸し器で約20分蒸したら、粗熱を

作り方

1 タラ白子は鮮度の良いものを用意し、下処理(左記参照)をしてから1人前ずつ切って水にさらし、血抜きをする。

2 鍋に昆布1枚(15㎝角・分量外)を敷いて、水800㎖に酒200㎖、塩小さじ2(以上、タラの白子約400g分の分量)を加えて火にかける。80℃くらいになったら、1を静かに入れる。温度を上げないようにしながら約8分湯に通したら、冷水にとって水気をふく。これを中火の天火で焼き目をつける。

3 菜の花は塩少々を加えた熱湯でサッと茹でて冷水に取り、水気をきって吸地に漬ける。人参、大根は色紙切りにして茹でてから吸地に漬ける。

4 椀に2の焼きたてのタラ白子、揚げたての蓮根饅頭＊を盛り、温めた白味噌チーズ地＊を張る。3の野菜を盛りつけ、溶き辛子を添える。

※玉子の素は、卵黄にサラダ油を少しずつ加えて乳化するまでよく混ぜたもの。練り物やつなぎとして加えるとふんわり仕上がる。卵黄1個分に対してサラダ油大さじ2程度を目安にする。

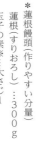

取ってから、小さなボール状に摘みとって打ち粉をつけて油で揚げる。

＊白味噌チーズ地（作りやすい分量）
白味噌…100g
クリームチーズ…30g
だし…500㎖
①甘味のある白味噌とクリームチーズを合わせて、だしで割る。
※白味噌の分量は、商品によって味が異なるので、適宜、味加減をする。

車海老と里芋の湯葉あんかけ

▼料理はカラーP102

■材料／作りやすい分量

車エビ…2尾（1尾35g）
里芋…1個
引き上げ湯葉…60g
吸地…適量
○八方あん
　だし…200㎖
　薄口醤油…20㎖
　みりん…20㎖
――水溶き葛粉…大さじ1／2
おろしわさび…少々

食材のコツ

［タラ白子］

旬のタラ白子は、口の中でとろりと溶けるような食感が魅力。ない濃厚さが特徴。そうしたおいしさを引き出す下処理も大切。まず白子は水で優しく丁寧に洗い、白子に付いている血やぬめりを流水で落とす。白子をつなぐ赤いスジ部分を切り落とす。この作業が食感を左右するのでなるべく丁寧に行う。さらに昆布だしでサッと茹でて食感を高める。火を通しすぎないことがポイント。

作り方

1　車エビは背ワタを取ってから塩茹でして冷水にとり、殻をむいて半分に切る。

2　里芋は、皮付きのまま洗って、柔らかくなるまで蒸す。皮をむいて吸地で炊いて下味をつける。

3　引き上げ湯葉も吸地でサッと炊いておく。

4　「八方あん」を作る。鍋にだし、薄口醤油、みりんを合わせて火にかけ、沸いてきたら水溶きの葛粉でとろみをつける。

5　器に2の里芋、3の湯葉を盛って4～5分蒸してから、1の車エビも盛り、さらに2分蒸す。器を取り出し、熱々の八方あんをまわしかけ、おろしわさびを天盛りにする。

河豚白子の蕪蒸し

▼料理はカラーP104

■材料／1人前

フグ白子…80g
かぶ…300g
卵白…½個分
吉野葛…大さじ½
塩…少々
銀あん*…適量
おろしわさび…少々

*銀あん（作りやすい分量）
だし…500㎖
塩…小さじ½
薄口醤油…小さじ⅓
酒…小さじ1
水溶き葛粉…大さじ1と½
①水溶き葛粉以外の材料を鍋に入れて火にかけ、沸いてきたら水溶き葛粉を加えてとろみをつける。

作り方

1 フグ白子は、きれいに洗ってから水気をふいて金串を打ち、全体に薄塩をあて、天火で香ばしく焼いて半分に切る。
2 かぶは、厚めに皮をむいてすりおろし、軽く汁気をきる。
3 卵白をボウルに入れ、八分程度まで泡立てたら、2のかぶのすりおろしと合わせ、吉野葛を加えて混ぜる。
4 ガーゼの上に3をのせ、1のフグの白子を中に入れて茶巾に包み、蒸気の上がった蒸し器に入れて強火で6～7分蒸す（蒸し過ぎるとパサついてしまうので注意）。
5 器に4を盛り、熱々の銀あん*をかけ、おろしわさびを天盛りにする。

食材のコツ

［フグ白子］

タラやフグのオスの精巣部分である白子は冬が旬。中でもフグの白子は特においしいとして珍重される。ポン酢で食べるのは定番だが、塩をふって炙ると甘味が引き立ち、より濃厚な味わいに。また香ばしさも加わり、さらにおいしさが増す。

フォアグラ味噌と大根のステーキ

▼料理はカラーP106

■材料／1人前

フォアグラ…1切れ（90g）
牛乳…300㎖
味噌床＊…適量
大根…1切れ（120g）
ごぼう…20g
大根のだし＊…適量
太白胡麻油…少々
ステーキだれ＊…30㎖
あさつき…1本

＊味噌床（作りやすい分量）
白味噌…300g
酒…30㎖
みりん…30㎖
①材料を合わせる。

＊大根のだし（作りやすい分量）
だし…500㎖
塩…小さじ½
薄口醤油…少々
酒…大さじ1
①材料を合わせる（吸地加減のだし）。

＊ステーキだれ（作りやすい分量）
煮詰め＊…30㎖
バルサミコ酢…100㎖
①バルサミコを30㎖になるまで煮詰め、煮詰め＊と合わせる。

＊煮詰め（作りやすい分量）
濃口醤油…100㎖
たまり醤油…100㎖
酒…100㎖
みりん…100㎖
上白糖…50g
①材料を合わせ、弱火で2割程度煮詰める。

作り方

1 フォアグラは厚めに切ってバットに置き、牛乳につけて1〜2時間置いて血抜きをする。取り出してガーゼで包んで味噌床＊に入れ、一晩常温で漬ける。さらに冷蔵庫で1〜2時間入れて冷やし固める。

2 大根は2cm厚さの輪切りにして面とりをして、米のとぎ汁で下茹でしてから水にさらし、大根のだし＊でサッと煮て味を含ませる。

3 ごぼうは桂むきにして針打ちにしてから素揚げにする。

4 フライパンに太白胡麻油を熱して2の大根を入れ、軽く焼き目がつく程度に両面を焼く。

5 1のフォアグラは、打ち粉（小麦粉・分量外）をして熱したフライパンに入れ、中火で両面をこんがりと焼く。

6 器にステーキだれ＊をしき、4の大根、5のフォアグラの順にのせる。3の素揚げした針ごぼうを天盛りにして、あさつきを添える。

食材のコツ

［フォアグラ］

高級食材として知られるフォアグラも下処理が大切。血管やスジを取り除いたものを用意するが、牛乳につけて臭みを抜いてから使う。さらに味噌床に漬けることで、臭みも抜け、味噌の旨味や風味が移る。フォアグラは脂分がとても多いため、手でずっとさわっていると脂が溶けていくので、手早く作業することも大切。

すっぽんとフカヒレの飯蒸し玉〆

▼料理はカラーP108

■材料／1人前

スッポン（スッポンスープ＊で使用した上身）…30g
フカヒレ（戻したもの）…小1枚
飯蒸し＊…60g
玉汁＊…100㎖
○スッポンスープあん
　スッポンスープ＊…50㎖
　生姜の絞り汁…少々
　水溶き葛粉…小さじ1
芽ねぎ…少々
クコの実（吸地で戻したもの）…1粒

＊スッポンスープ（作りやすい分量）
スッポン…1枚
酒…1000㎖
水…1500㎖
昆布（15㎝角）…1枚
薄口醤油…大さじ1
塩…少々
生姜の絞り汁…小さじ2
①スッポンは洗って余分な部分をはずして下処理してから、熱湯に通してから氷水にとり、薄皮をむいてエンペラや上身部分を取り分ける。
②鍋に1のスッポンを入れ、昆布、酒、水を加えて強火にかける。
③沸いてきたら昆布を取り出し、アクを丁寧に取り除いて中火にし、そのまま煮汁が半量適度になるまで炊く。
④最後に薄口醤油、塩、生姜の絞り汁を加えて味を調える。スッポンの上身は飯蒸しの具として使う。

＊飯蒸し（作りやすい分量）
餅米…3カップ
酒…150㎖
塩…小さじ1
①もち米は洗ってから、一晩水に漬けてから、さらしを敷いたざるにあける。
②蒸気の上がった蒸し器に①のもち米を入れて、強火で25分ほど蒸す。
③ボウルに酒、塩を合わせ、②のもち米にまわしかけたら、さらに10分強火で蒸す。

＊玉汁（作りやすい分量）
スッポンスープ＊…200㎖
卵…1個
①卵を溶きほぐしてスッポンスープを加えて混ぜ、漉して使う。

作り方

1 飯蒸し＊にスッポンのスープ＊で用いたスッポンの上身をほぐして混ぜ、ふんわり丸く握り、器に入れる。

2 1にフカヒレをのせ、玉汁＊を流し入れて蒸気の上がった蒸し器に入れる。中火で10分蒸し、玉〆を作る。

3 「スッポンスープあん」を作る。鍋にスッポンスープ＊を入れて火にかけ、水溶き葛粉でとろみをつけたら、生姜の絞り汁を加える。

4 3のあんを2の玉〆にまわしかける。芽ねぎと吸地で戻したクコの実をあしらう

食材のコツ

［すっぽん］

スッポンのさばき方は。腹を真ん中で割り、前足、後足を切り分けてからさばく。この方法は「四つおろし」、「四つほどき」とも呼ばれる。爪、甲羅、胆嚢、膀胱は取りはずす。残りは食べることができる。

帆立貝と生雲丹の貝焼き

▼料理はカラーP109

■**材料／1人前**

ホタテ貝（殻付き）…1枚
生ウニ…60g
うすい豆…30g
とろろ汁＊…100mℓ
旨だし＊…80mℓ

○とろろ（作りやすい分量）
つくね芋…1個
だし…150mℓ
薄口醤油…小さじ1
塩…少々
卵…1個
※1人前100mℓ使用

＊旨だし（作りやすい分量）
だし…400mℓ
薄口醤油・みりん…各50mℓ
①材料を混ぜ合わせる。

作り方

1 ホタテ貝は殻からはずして、そうじをして貝柱を取り出し、食べやすい大きさに切る。

2 ホタテ貝殻の深い方に1を盛る。

3 「とろろ」を作る。つくね芋は皮をむいてミョウバン水（分量外）に30分程度漬けてアク止めをする。水で洗ってすり鉢のヘリで芋をすり、とろろを作り、調味料でのばして卵を加え、しっかりとしたとろろにする。

4 2に3のとろろ100mℓをかけ、生ウニを天盛りにする。

5 4を250℃に予熱したオーブンに入れて約5分焼いて取り出し、旨だし＊を張って殻ごとコンロにかけて供する。

虎魚と慈姑の唐揚げ

▼料理はカラーP110

■**材料／1～2人前**

オコゼ（淡路島岩屋産）…200g
くわい…2個
くちなしの実…1個
レモン…1/8個
ししとうがらし…2本
カレー塩…少々

作り方

1 オコゼは水洗いをして、頭を切り落としてから三枚おろしにして、片身を半分に切って葛粉をつけ、170℃の揚げ油で4～5分揚げたら、バットにあげる。しばらくして（3～4分後）、揚げ油の温度を180℃に上げて、さらに2～3分揚げる。

2 くわいは、六方むきにしてから横半分に切り、水にさらす。

3 鍋に水適量とくちなしの実を入れ、2のくわいを入れ、表面が黄色く色づき、火が通ったら水にさらし、水分をふく。

4 3のくわいに葛粉をつけて、180℃の揚げ油でからりと揚げる。

5 ししとうは串を刺してから180℃の油でサッと素揚げする。

6 器にオコゼ、くわい、ししとうを盛りつけ、レモンを添える。別器にカレー塩を入れて添える。

食材のコツ

［オコゼ］

グロテスクな外見に反して、上品な白身は歯ごたえもよく、内臓も皮も美味しく食べられる。ただし活けのオコゼを扱う場合は注意が必要。背ビレに毒があるので、背ビレの両側にV字型に切り込みを入れ、背ビレをまな板に押さえつけるようにして、尾の方から引っ張って抜く。

合鴨と京葱の小鍋仕立て

▼料理はカラーP112

■材料／1人前

合鴨ロース…⅓枚
京ねぎ…½本
春菊…⅙束
椎茸…1枚
巻き湯葉…20g
信州そば…50g
大根おろし…80g
卵…1個
○つみれ（3人前）
合鴨ロース端身…120g
鶏胸肉挽き肉…100g
溶き卵…½個
大和芋（すりおろし）…30g
酒…15㎖
生姜汁…小さじ2
鍋だし＊…300㎖
粉山椒…少々

＊鍋だし（作りやすい分量）
鶏ガラスープ…600㎖
だし…900㎖
濃口醤油…50㎖
薄口醤油…50㎖
みりん…70㎖
酒…100㎖
①材料を合わせる。

作り方

1 合鴨ロースは余分な脂や端身を切りとり、そうじをする。端身はつみれに使うのでとっておく。金串4～5本を束ねて持ち、身に穴をあけて、味の含みがよくなるようにする。

2 1の皮目に細かく鹿の子に包丁で切り込みを入れて、熱したフライパンで先に皮目を焼いて返し、反対側も表面を焼く。

3 「つみれ」を作る。1の鴨ロースの端身を挽き肉機にかけてミンチ状にし、鶏胸肉挽き肉と合わせ、溶き卵、大和芋、酒、生姜汁を加えてよく練り合わせる（※1人前約80g使用）。

4 鍋に熱湯を沸かし、10㎝角の昆布1枚を入れ、3のつみれを団子状に丸めて落とし、浮いてきたらざるにあげて冷ます。

5 器に、春菊、椎茸、焼きねぎ、巻き湯葉、茹でた信州そば、大根おろし、4のつみれを盛り、2の合鴨ロースをそぎ切りにして盛る。

6 鍋に鍋だし＊入れて沸かし、煮立ってきたところに5の具材を適宜入れ、煮ながらいただく。好みで粉山椒をふる。

食材のコツ

【合鴨】

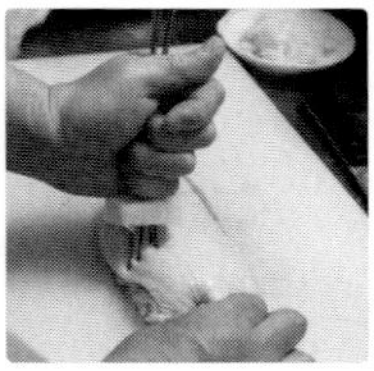

まず余分な脂身や端身は切り落とし、膜、スジも丁寧に切りとったものを用意する。端身もつくね用の材料として活用する。鴨ロースに金串で穴を開けるのは、加熱したときに身が縮まないようにするためと、味が入りやすいようにするため。

氷見の鰤しゃぶ

▼料理はカラーP114

■材料／1人前

ブリ（富山氷見産）…200g
ブリ用下味調味料＊…適量
水菜…¼束
春菊…¼束
京ねぎ…⅓本
エリンギ…½本
絹ごし豆腐…⅛丁
しゃぶ鍋だし＊…300㎖
大根おろし…適量

＊ブリ用下味調味料（作りやすい分量）
薄口醤油…100㎖
酒…100㎖
みりん…100㎖
①材料を合わせる。

＊しゃぶ鍋だし（作りやすい分量）
だし…1800㎖
薄口醤油…100㎖
みりん…70㎖
酒…100㎖
①材料を合わせる。

作り方

1　ブリは水洗いをして三枚におろし、皮を引いてから、上身をそぎ切りにする。

2　ブリ用下味調味料＊に1のブリをつけて下味をつける。

3　春菊、水菜は、それぞれ根元を切り落として、5㎝長さに切り揃える。ねぎは斜め切りにする。エリンギは食べやすい大きさに切る。絹ごし豆腐は半分に切る。

4　しゃぶ鍋だし＊を鍋に入れ、3の野菜と豆腐、大根おろしを入れて火にかける。煮立ってきたら、2のブリの切り身をサッとくぐらせ、そのままいただく。

食材のコツ

［ブリ］

鍋にはポン酢がつきものだが、ここではポン酢は添えず、味を調えた鍋地と、下味調味料で〝づけ〟にしたブリの切身をサッとしゃぶしゃぶにしてそのまま食べる。こうすると、旬のブリのおいしさが存分に味わえる。

著者紹介

吉田靖彦（よしだ　やすひこ）

1951年兵庫県西宮生まれ。大阪・心斎橋で『割烹 よしだ』を経営。その後、弟子に移譲し、姉妹店として兵庫・三田に『鶴林 美味旬菜』を出店。現在は同店経営のほか、日本のみならず海外にも料理指導を行うなど幅広く活躍中。『酢の料理大全』『和食店の人気の「ご飯料理」大全』『「和風デザート」「和風菓子」大全』『人気の和食「麺・めん料理」大全』（以上、小社刊）ほか著書多数。

＊調理協力／吉田 梢（鶴林 美味旬菜　店主）
　　　　　　舛田篤史（鶴林よしだ　店主）

■ 鶴林　美味旬菜

住所	兵庫県三田市南ヶ丘1丁目22-10 西田ビル2階
TEL・FAX	079-562-1122
営業時間	昼 11：00～12：30　13：00～14：30（2部制） 夜 17：30～21：00（L.O）
定休日	水曜日

■ 撮影　東谷幸一　後藤弘行（旭屋出版）
■ デザイン　スタジオゲット
■ 編集　岡本ひとみ

新しい日本料理の魅力をつくる「四季の食材」の組み合わせ方

発行日　平成30年4月2日　初版発行

著　者　吉田《よしだ》　靖彦《やすひこ》
発行人　早嶋　茂
制作人　永瀬　正人
発行所　株式会社 旭屋出版
〒107-0052
東京都港区赤坂1-7-19 キャピタル赤坂ビル8階
郵便振替　00150-1-19572

販売部　TEL 03（3560）9065
　　　　FAX 03（3560）9071
編集部　TEL 03（3560）9066
　　　　FAX 03（3560）9073
旭屋出版ホームページ　http://www.asahiya-jp.com

印刷・製本　凸版印刷株式会社

ISBN987-4-7511-1316-5 C2077